AF314834

FORMULES

A L'USAGE

DES JUSTICES DE PAIX

ET

DES TRIBUNAUX DE SIMPLE POLICE

Paris. — Typographie Hennuyer et fils, rue du Boulevard, 7.

FORMULES

A L'USAGE

DES JUSTICES DE PAIX

ET

DES TRIBUNAUX DE SIMPLE POLICE

PAR

M. J.-L. JAY

Auteur du Dictionnaire général et raisonné des justices de paix ;
du Traité de la procédure ;
du Traité des Conseils de famille ; du Traité des scellés ;
des Traités de la Compétence ; du Traité du bornage ;
du Bulletin des lois des justices de paix,
annotées et expliquées, etc., etc.

—

TROISIÈME ÉDITION

PARIS

AU BUREAU DES ANNALES DES JUSTICES DE PAIX
RUE GUÉNÉGAUD, 27 ;

ET CHEZ

AUG. DURAND ET PEDONE LAURIEL, LIBRAIRES-ÉDITEURS
RUE CUJAS, 9 (ANCIENNE RUE DES GRÈS).

1869

FORMULES

A L'USAGE

DES JUGES DE PAIX

PREMIÈRE PARTIE

MATIÈRES NON CONTENTIEUSES

§ 1. *Avis de parents et actes y relatifs.*

§ 2. *Scellés.*

§ 3. *Actes de notoriété et certificats de propriété.*

§ 4. *Actes divers.*

§ 1er. Avis de parents et actes y relatifs.

1. *Cédule de convocation d'un Conseil de famille à toutes fins, sur la réquisition d'un parent. C. Nap., art. 405, 406, 409, 410; Tarif, 7.*

Nous, juge de paix du..., sur ce qui nous a été exposé par N..., propriétaire, demeurant à..., parent des mineurs ci-après nommés, que... (*énoncer ici le fait ou la cause qui exige la convocation*); ordonnons que le Conseil de famille des mineurs P..., enfants de... et de..., sera convoqué à comparaître devant nous, le... de ce mois..., heures du..., en notre prétoire (*ou* en notre hôtel), pour délibérer avec nous, sous notre présidence, sur... (*Ici on exprime la nomination ou la délibération proposée.*)

En conséquence, nous désignons pour composer ledit Conseil de famille:

1º...; 2º...; 3º... (*les noms et demeures des trois parents paternels les plus proches*), comme étant les plus proches parents du côté paternel ; 4º...; 5º...; 6º... (*les noms et demeures des parents maternels*), ces deux derniers étant, avec le sieur N..., requérant et susnommé, les plus proches parents du côté maternel des mineurs. Enjoignons auxdits parents de comparaître en personne ou par fondés de pouvoir, en cas d'empêchement, à peine d'amende. Donné en notre prétoire, à..., le... (*Signature du juge*)

Nota. Cette cédule est notifiée à chaque personne convoquée, à la requête du parent ou du tuteur qui requiert le Conseil, par l'un des huissiers de la justice de paix. La notification s'écrit au bas de la cédule, et le tout est soumis à la formalité de l'enregistrement dans les quatre jours.

(*S'il y avait lieu d'appeler d'autres parents que ceux se trouvant sur les lieux, aux termes de l'article 410 du Code Napoléon, on pourrait dire*) :
Il est à la connaissance de l'exposant que le sieur François Lambert, domicilié à..., porte auxdits mineurs le plus grand intérêt, et qu'il les considère comme étant ses propres enfants. Il importe donc, quoiqu'il ne soit que le cousin germain de leur père, et qu'il existe sur les lieux mêmes d'autres parents au même degré, en nombre suffisant pour compléter le Conseil de famille, d'y appeler ledit sieur François Lambert.
En conséquence, et adoptant les motifs particuliers présentés par l'exposant, relativement audit François Lambert, avons autorisé ledit exposant à faire appeler...
(*Si la demande de convocation était faite par un créancier, on dirait*) :
Sur ce qui nous a été exposé par le sieur..., créancier de la succession de...,
dévolue aux mineurs ci-après dénommés, lequel a dit...

2. *Cédule de convocation d'une assemblée de famille pour la nomination d'un tuteur et d'un subrogé tuteur.*

Nous, juge de paix du canton de..., département de...
Sur ce qui nous a été représenté par... (*prénoms, nom, profession et domicile de celui qui fait convoquer l'assemblée de famille*), que le sieur Pierre Tulle, cultivateur, décédé en la commune de..., dans l'arrondissement de notre canton, le... dernier, ainsi que le constate l'acte extrait des registres de l'état civil de..., en date du..., dont expédition nous a été représentée, a laissé Jean, enfant mineur, sans lui avoir nommé de tuteur; que Marie Podeur, épouse dudit Pierre Tulle, et mère dudit mineur, est prédécédée; qu'il ne reste audit mineur aucun ascendant dans l'une ou l'autre ligne; qu'ainsi, il importe de convoquer les parents et amis dudit enfant mineur pour lui être nommé un tuteur, même un subrogé tuteur; en conséquence, requiert qu'il nous plaise l'autoriser à citer à cet effet à comparaître devant nous, jour, lieu et heure qu'il nous plaira indiquer, les parents dudit mineur, savoir : 1º A..., oncle paternel, demeurant à...; 2º B..., oncle paternel à cause de Catherine Véron, son épouse, demeurant à...; 3º C..., cousin paternel, demeurant à...; et, du côté maternel : 4º B..., frère utérin dudit mineur, demeurant à...; 5º E..., oncle maternel, demeurant, les cinq susnommés, dans l'étendue de deux myriamètres de la commune de...,

où demeurait le défunt Pierre Tulle ; et, à défaut d'un troisième parent maternel domicilié dans la même étendue, 6° F..., ami, demeurant à...

En conséquence, l'avons autorisé à faire citer les susnommés à comparaître
devant nous, en notre demeure, le..., heure de..., à l'effet de délibérer entre
eux, conjointement avec nous, sur la nomination d'un tuteur au mineur Jean
Tulle, même d'un subrogé tuteur.

Fait à..., le..., l'an... (*Signature du juge de paix.*)

3. *Cédule pour convocation d'office.*

Nous, juge de paix du canton de..., département de...;

Etant informé que le sieur Pierre Tulle... (*comme en la précédente*);

Citons à comparaître devant nous, en notre demeure, le..., heure de..., à
l'effet de délibérer entre eux, et conjointement avec nous, sur la nomination
d'un tuteur, même d'un subrogé tuteur, les parents et amis dudit mineur, savoir : 1°...; 2°...; 3°..., etc.

4. *Cédule de convocation sur la déclaration du maire.*

Nous, juge de paix de..., vu la déclaration qui nous a été faite par M. le maire
de... (*ou* son adjoint), le... de ce mois, portant que J... et S..., vivants époux,
et demeurant à..., sont décédés le..., et laissent... enfants mineurs ; vu aussi
l'article 406 du Code Napoléon, ordonnons que le Conseil de famille desdits
mineurs sera convoqué à comparaître devant nous le... (*Suivre pour le reste la
formule précédente.*)

5. *Cédule pour faire nommer d'office un subrogé tuteur.*

Nous, juge de paix de..., étant instruit que J... P..., demeurant ci-devant à...,
est décédé le...; que de son mariage avec C..., sa veuve survivante, il est issu
deux enfants mineurs auxquels ladite C... a négligé jusqu'à présent de faire
nommer un subrogé tuteur, encore qu'elle ait été invitée par nous à convoquer
un Conseil de famille à cet effet ; vu les articles 406, 407, 420 et 421 du Code
Napoléon, ordonnons que le Conseil de famille desdits mineurs sera cité à
comparaître devant nous le... de ce mois..., heures du..., en notre prétoire, etc. (*suivre les précédentes formules, mais ajouter avant la clôture ce qui
suit*) :

Ordonnons aussi que ladite C..., épouse survivante, sera appelée à comparaître
au Conseil de famille les jour et heure ci-dessus, pour assister à la nomination
du subrogé tuteur, mais sans pouvoir y délibérer, et pour être entendue ou in-
terpellée sur la gestion qu'elle a faite ou pu faire, indûment, de la tutelle de
sesdits enfants. Donné à..., le... (*Signature.*)

6. *Cédule de convocation d'un Conseil de famille sur la réquisition d'une partie intéressée, pour faire nommer un subrogé tuteur au mineur.*

Nous, juge de paix du canton de.... sur ce qui nous a été exposé par le sieur

Hippolyte Barre, propriétaire, demeurant à..., qu'il se propose d'intenter une action contre Jean Tulle, enfant mineur, sous la tutelle de Charles Richer, son oncle, en revendication d'un immeuble vendu au défunt Jacques Tulle, père dudit mineur, par ledit Charles Richer; que le mineur aura, par conséquent, comme héritier dudit Jacques Tulle, un recours à exercer contre le vendeur, son tuteur, et que, par le fait, le tuteur se trouvera en opposition d'intérêt avec le mineur; que cependant le sieur Louis Vère, subrogé tuteur du mineur, étant décédé, le mineur Jean Tulle se trouve dépourvu de subrogé tuteur; que, par ces motifs, il nous requiert de convoquer les parents et amis dudit mineur, pour le pourvoir d'un subrogé tuteur, et qu'il nous plaise l'autoriser à citer à cet effet... (*Suite comme ci-dessus*.)

7. *Procès-verbal de nomination d'un tuteur et d'un subrogé tuteur à des mineurs orphelins, sur la réquisition d'un parent. C. Nap., art. 406; Tarif, 4 et 16.*

L'an..., et le..., heures du..., devant nous, juge de paix du canton de..., étant en notre prétoire, et assisté du greffier, a comparu le sieur H..., demeurant à..., oncle paternel (*ou autre parent*) des mineurs ci-après nommés; lequel nous a dit qu'en vertu de notre cédule du... de ce mois, notifiée par..., huissier, enregistrée le..., il a fait appeler, à ce jour, lieu et heure, les parents par nous désignés par ladite cédule, pour former le Conseil de famille des enfants mineurs de feu G. R... et de défunte L. M..., leurs père et mère décédés, qui demeuraient à..., afin de nommer un tuteur et un subrogé tuteur auxdits mineurs.

En conséquence, il a requis qu'il soit à l'instant procédé auxdites nominations par le Conseil de famille, et a signé (*ou déclaré qu'il ne le sait faire*).

Sont ensuite comparus : 1°...; 2°... (*noms, prénoms, qualités et demeures des deux plus proches parents paternels*);

3° A ces deux comparants s'est réuni ledit sieur H..., ci-devant nommé et requérant, afin de compléter les trois membres de la ligne paternelle;

4°...; 5°...; 6°... (*Enoncer ici les noms, prénoms, qualités et demeures des trois parents maternels convoqués par la cédule.*)

Tous lesquels parents nous ont déclaré qu'ils consentent à procéder aux nominations requises.

En conséquence, nous les avons déclarés légalement constitués en Conseil de famille, sous notre présidence. — Le Conseil, ainsi constitué, après avoir délibéré avec nous, a nommé à l'unanimité des voix (1), pour tuteur aux enfants mineurs de feu G. R..., le sieur..., l'un des membres du Conseil (*ou autre parent*), lequel a déclaré accepter cette fonction, et promis de la remplir fidèlement, sous les peines de droit.

Et, procédant immédiatement, pour remplir le vœu de la loi, à la nomination du subrogé tuteur, le Conseil, à l'unanimité (*ou à la majorité de... voix contre... voix*), a nommé, pour remplir les fonctions de subrogé tuteur aux mêmes mineurs, la personne de..., l'un des membres du Conseil, lequel a

---

(1) Si la délibération n'est pas prise à l'unanimité, on doit exprimer le vote particulier de chaque parent. C. proc., art. 883.

déclaré accepter cette nomination, et a promis de remplir ses fonctions avec exactitude.

Dans la présente nomination, le sieur..., tuteur, n'a voté ni pour ni contre le subrogé tuteur, attendu que cela lui est interdit par la loi.

(*Si, après ces nominations, le tuteur ou le juge de paix, ou un parent, propose un autre sujet de délibération, par exemple de délibérer sur l'acceptation d'une succession, on continue ainsi qu'il suit*) :

Sur la proposition du tuteur (*ou d'un membre*), le Conseil de famille, considérant qu'il y a lieu de délibérer sur l'acceptation ou la renonciation à la succession de feu..., échue aux mineurs ; considérant que cette succession paraît avantageuse, le Conseil autorise, à l'unanimité (*ou à la majorité de...* voix), le tuteur desdits mineurs à accepter pour eux, mais sous bénéfice d'inventaire seulement, la succession dont il s'agit, en observant les formalités prescrites par la loi. De tout quoi, nous, juge de paix, avons rédigé le présent procès-verbal, dont lecture a été faite aux délibérants, qui ont signé avec nous et le greffier (*ou qui ont déclaré ne le savoir, de ce requis*).

8. *Nomination d'office, sur la réquisition du juge de paix, d'un tuteur et d'un subrogé tuteur.*

L'an..., et le... mai..., heures du..., vu par nous, juge de paix du canton de..., arrondissement de..., département de..., la cédule par nous donnée le... de ce mois, notifiée par..., huissier, enregistrée le..., par laquelle nous avons convoqué à ces jour et heure par-devant nous, en notre prétoire, un Conseil de famille, formé suivant la loi, pour nommer un tuteur et un subrogé tuteur à L... et M..., enfants mineurs orphelins de défunts L... et R..., vivants époux, décédés en la commune de..., le... de ce mois ;

Avons procédé de la manière suivante, étant assisté du greffier de notre justice, à la délibération dudit Conseil de famille ; sont comparus devant nous :

1°...; 2°...; 3°... (*énoncer ici les noms et demeures des trois parents paternels convoqués par la cédule, ou des amis, s'il y en a*) ;

Lesquels nous ont dit qu'en déférant à notre convocation d'office, ils consentent à délibérer sur les nominations proposées. En conséquence, nous les avons déclarés légalement constitués en Conseil de famille sous notre présidence.

Et étant ainsi constitué, le Conseil, après avoir délibéré avec nous... (*Suivre pour le surplus la formule ci-dessus.*)

9. *Excuses proposées par le tuteur présent.* C. Nap., art. 427, 428 et suiv.

(*Immédiatement après la nomination du tuteur présent, on dit*) : En cet endroit le sieur... a déclaré qu'il ne peut accepter les fonctions de tuteur qui viennent de lui être déférées, attendu que... (*Énoncer ici les motifs de la dispense.*) En conséquence, il a requis le Conseil de famille de recevoir ses excuses, et a signé.

Le Conseil, délibérant sur le refus dudit sieur..., considérant que la dispense qu'il allègue est du nombre de celles qui sont autorisées par la loi, à l'unanimité décharge ledit... de la tutelle qui lui a été ci-dessus conférée. Et procédant à son remplacement...

10. *Excuses proposées par un tuteur absent lors de sa nomination. Rejet de ces excuses à la majorité simple.* C. Nap., art. 427, 438 et suiv.

L'an..., et le..., heures de..., devant nous, juge de paix de la ville de..., étant en notre prétoire, assisté du greffier, a comparu le sieur T..., marchand, demeurant à..., lequel nous a dit qu'ayant été nommé, par délibération prise devant nous, le... de ce mois, en Conseil de famille, tuteur des mineurs de défunts J... et V..., vivants époux, décédés en la commune de..., il ne peut accepter cette fonction, attendu que... (*Exprimer les excuses ou dispenses que le comparant propose.*) Et pour faire admettre ces excuses afin d'être déchargé de la tutelle, il a convoqué (*jour, lieu et heure*), devant nous, le Conseil de famille desdits mineurs, dont il nous prie de recevoir la délibération sous notre présidence et d'en rapporter acte, et a signé (*ou déclaré ne le savoir*).

Sont ensuite comparus... (*établir ici les prénoms, noms, qualités, demeures et degrés de parenté des personnes convoquées, en suivant le même ordre établi par les formules précédentes*). Lesquels ont dit... (*Comme aux mêmes formules.*)

Le Conseil ainsi constitué, après en avoir délibéré avec nous, sous notre présidence, attendu que les dispenses proposées ne sont point légales (à l'unanimité *ou* à la majorité de... voix contre... voix), rejette les excuses dudit sieur... et le charge d'entrer sans délai dans l'exercice de ses fonctions de tuteur dans lesquelles il est maintenu, à peine d'y être contraint suivant la loi. Dans la présente délibération P..., R..., S..., T..., ont voté pour le rejet des excuses, et L... et N... ont, ainsi que nous, juge président, voté pour l'admission.

Nota. Si, au contraire, le Conseil reconnaît valables les excuses du tuteur, il les approuve, le décharge de la tutelle, et procède à son remplacement à l'instant même. Pour cela on suit la cinquième formule qui précède, et on termine par la clôture du procès-verbal.

De tout quoi nous avons dressé le présent procès-verbal pour valoir ce que de droit. Lecture faite aux comparants, ils ont signé avec nous et le greffier (*ou déclaré ne savoir signer, de ce interpellés*).

11. *Délibération portant destitution du tuteur.* C. Nap., art. 442, 446 et suiv.; C. proc., art. 883 et suiv.

L'an...

A comparu le sieur Jacques Ortis..., agissant comme subrogé tuteur de Jean Tulle..., lequel a dit qu'en vertu de la cédule que nous avons délivrée, il a fait citer les membres composant le Conseil de famille dudit mineur, et le sieur Charles Richer, son tuteur, pour délibérer sur la destitution dudit tuteur, fondée sur ce que... (*exposer les motifs*), et il a signé.

Sont en même temps comparus... (*noms des membres du Conseil de famille comme ci-dessus*);

Lesquels étant constitués en Conseil de famille, sous notre présidence, nous avons invité le tuteur à s'expliquer sur les faits à lui reprochés; et aussitôt ledit tuteur a dit... (*réponse du tuteur*), et après avoir signé, il s'est retiré de l'assemblée pour ne pas gêner la liberté des suffrages.

Après délibération, chaque membre du Conseil a donné son avis séparément.

Pierre Dru, Jacques Cor et Philippe Faure ont été d'avis que le tuteur doit être destitué de la tutelle à cause de son inconduite et de l'application qu'il a faite à ses propres besoins et au payement de ses propres dettes d'un capital de..., appartenant au mineur. D'autre part, Joseph Larnié, Hippolyte Mauduit et Henri Simier ont été d'avis qu'il n'y avait pas lieu à la destitution. En conséquence, et à la majorité de quatre voix, y compris la nôtre, le Conseil déclare que ledit sieur Charles Richer est destitué de la tutelle du mineur Jean Tulle.

Et aussitôt le Conseil a nommé, à la même majorité, composée des mêmes voix, pour tuteur audit mineur, le sieur Louis Marec, avocat, demeurant à..., lequel, n'étant pas présent, a été prié de se rendre à la délibération et a déclaré accepter ladite tutelle.

Après quoi l'assemblée a rappelé ledit sieur Charles Richer, et nous lui avons fait part de la résolution prise à son égard, en l'invitant à déclarer s'il adhère à la délibération.

A quoi ledit sieur Charles Richer a répondu que, sans reconnaître la réalité des faits qui lui sont imputés, il adhère à la décision prise par le Conseil, et il a signé.

Ou bien A quoi ledit sieur Charles Richer a répondu qu'il protestait contre les faits allégués, se réservant de se pourvoir contre la décision du Conseil par toutes les voies de droit, et a signé.

Ainsi fait et clos le présent procès-verbal.

12. *Nomination d'un subrogé tuteur sur la convocation d'office du juge de paix.*

L'an... et le..., etc., nous, juge de paix du..., assisté du greffier : vu l'article 421 du Code Napoléon, portant que le tuteur légal devra, avant d'entrer en fonctions, convoquer un Conseil de famille, composé comme il est dit dans l'article 407, pour faire nommer un subrogé tuteur aux enfants mineurs de l'époux décédé; attendu qu'il nous a été déclaré, par l'un des parents ci-après dénommés (*ou par le maire de la commune de...*), que Joseph est décédé le... de ce mois, à..., qu'il a laissé une veuve survivante, nommée H. S..., et deux enfants mineurs, savoir : J..., âgé de..., et P..., âgé de..., et que ladite veuve s'est immiscée dans leur tutelle sans avoir fait nommer un subrogé tuteur à sesdits enfants.

Par ces motifs, dans l'intérêt de ces derniers, et en vertu de l'article 421, nous avons, par une cédule du... de ce mois, notifiée par..., huissier, convoqué à ces jour et heure devant nous, en notre prétoire, les plus proches parents paternels et maternels des enfants J..., au nombre de trois dans chaque ligne, pour procéder à la nomination du subrogé tuteur dont est question;

avons convoqué aussi la veuve dudit Joseph pour assister à cette nomination.

A cet effet, sont présentement comparus devant nous : 1°...; 2°...; 3°..., etc. (*suivre l'ordre établi dans les précédentes formules pour la comparution et l'énonciation des parents paternels et maternels convoqués*);

Lesquels nous ont dit qu'en déférant à notre cédule, ils consentent, etc. En conséquence, nous les avons constitués en Conseil de famille, etc.

Le Conseil ainsi constitué, s'est présentée la dame H. S..., demeurant à..., laquelle a dit qu'étant convoquée par notre cédule ci-devant datée, elle désire assister simplement à la délibération de la famille, attendu qu'elle veut conserver la tutelle de ses enfants que la loi lui défère, et qu'elle n'a fait aucun acte qui puisse lui faire retirer cette tutelle, et a signé... (*ou* déclaré ne le savoir).

Nous avons donné acte à la dame veuve H. S... de sa comparution, en lui permettant d'assister au Conseil de famille, sans cependant pouvoir y voter, suivant la loi.

Délibérant ensuite sur l'objet de sa convocation;

En ce qui concerne la veuve H. S... : attendu que si elle a été négligente à faire nommer un subrogé tuteur, il ne paraît pas du moins qu'elle ait agi frauduleusement envers ses enfants, le Conseil déclare qu'il n'y a pas lieu de lui retirer la tutelle.

Procédant ensuite à la nomination du subrogé tuteur, le Conseil, à l'unanimité (*ou* à la majorité de... voix contre...), a conféré au sieur N..., ici présent, ladite fonction de subrogé tuteur aux mineurs J... et L..., lequel nous a déclaré accepter cette fonction, et a promis de la remplir fidèlement. (*Si la délibération n'est prise qu'à la majorité, il faut exprimer le vote particulier de chaque délibérant, comme il a été observé dans d'autres formules.*)

Fait et clos le présent procès-verbal. Lecture faite, etc. (*comme aux précédentes finales*).

13. *Nomination d'un subrogé tuteur sur la réquisition de l'époux survivant.*

L'an... et le..., heures du..., devant nous, juge de paix de..., assisté du greffier de notre justice, a comparu en notre prétoire dame N. O..., veuve de P. J..., demeurant à..., laquelle nous a dit que son mari est décédé le... de ce mois, et qu'il existe de leur mariage deux enfants mineurs, savoir : P. A... et J..., âgés de...; que, voulant exercer légalement la tutelle de ses enfants, elle a convoqué à ces jour, lieu et heure, devant nous, le Conseil de famille desdits mineurs pour leur nommer un subrogé tuteur. En conséquence, elle a requis qu'il nous plaise de recevoir et présider ledit Conseil de famille, de rapporter acte de la nomination qu'il fera, et a signé (*ou* déclaré ne le savoir).

Sont ensuite comparus : 1°...; 2°..., 3°...; etc.

Le Conseil, ainsi constitué et après en avoir délibéré conjointement avec nous, à l'unanimité (*ou* à la majorité de... voix contre...), a déclaré qu'il nomme pour subrogé tuteur aux mineurs P... la personne du sieur..., l'un des délibérants. Lequel a déclaré accepter cette fonction, et a promis de la remplir, conformément à la loi.

Fait et clos le présent procès-verbal, dont lecture a été faite aux délibérants qui ont signé avec nous (*ou* déclaré ne le savoir).

14. *Nomination d'un tuteur spécial aux mineurs qui ont des intérêts opposés dans un partage.*

L'an...,

A comparu le sieur Charles Richer..., lequel a exposé que Jean Tulle et Marie Tulle sont héritiers, avec leurs deux frères majeurs Pierre et Joseph Tulle, de leur oncle maternel, Jacques Hardy ; que, de plus, Marie Tulle a été instituée légataire à titre particulier, par testament dudit Jacques Hardy, en date du..., et que son legs, consistant en la ferme de..., est contesté par le motif que...; qu'il y a donc lieu, en présence des intérêts opposés des deux mineurs, de nommer un tuteur spécial à Marie Tulle, et il a signé.

Ont, en même temps, comparu...

Lesquels constitués sous notre présidence, et après avoir délibéré avec nous, sur la proposition ci-dessus, considérant... (*motifs tirés de l'exposé ci-dessus*), ont nommé à l'unanimité pour tuteur spécial le sieur..., l'un des membres délibérants, ici présent et acceptant.

Et de ce que dessus...

15. *Délibération qui autorise le tuteur à s'aider dans sa gestion d'un ou de plusieurs administrateurs salariés.* C. Nap., art. 454.

L'an...,

A comparu le sieur Charles Richer, tuteur..., lequel a dit... (*Exposer la fortune du mineur, terres en exploitation, situées dans plusieurs départements éloignés les uns des autres, indication des prix de gestion demandés par chaque gérant, détails sur la fortune du mineur et sur les produits et rapports de chacune de ces exploitations.*)

Ont également comparu...;

Préalablement, le sieur Pierre Furne, subrogé tuteur du mineur, a été entendu et a émis un avis favorable.

Sur quoi le Conseil de famille, considérant... ;

Autorise, à l'unanimité, M. Charles Richer, tuteur, à s'aider dans sa gestion de trois administrateurs particuliers salariés, aux appointements de la susdite somme totale de..., et gérant sous sa responsabilité.

Et avons dressé le présent procès-verbal...

16. *Nomination d'un Conseil de tutelle à une mère, par le père encore vivant.* C. Nap., art. 392.

L'an..., le...,

Par-devant nous, juge de paix du canton de...,

Est comparu le sieur Salignon, demeurant à...;

Lequel, par ces présentes, déclare nommer, pour conseil de tutelle à Mme H. Favier, son épouse, dans le cas où elle lui survivrait, et où elle décéderait avant que tous leurs enfants (*ou* qu'un ou plusieurs de leurs enfants) fussent majeurs, **M.** Edmond Saladin, ancien notaire à..., qu'il prie de vouloir bien assister son épouse et l'éclairer de ses sages avis dans tous les actes qu'elle fera relativement aux frais de la tutelle de leurs enfants (*ou bien* dans tous les actes de la tutelle autres que ceux de simple perception des fruits et revenus et d'acquit, ou décharge des mêmes objets).

Desquelles déclaration et nomination, nous, juge de paix susdit, avons fait dresser le présent acte, qui a été signé par ledit sieur Salignon, par nous et le greffier, les jour, mois et an mentionnés ci-dessus.

Fait, etc.

17. *Nomination d'un protuteur.* C. Nap., art. 417.

L'an...,

A comparu le sieur Charles Richer..., lequel a dit que ledit mineur possède en Algérie une concession considérable, et que, ne pouvant administrer les terres de cette concession, il a, conformément à l'autorisation verbale que nous lui en avons donnée, convoqué le Conseil de famille pour que l'administration spéciale de ces biens soit donnée à un protuteur.

En même temps ont comparu...

Le Conseil, après avoir pris connaissance des titres relatifs à la susdite concession, a, sous notre présidence, et conjointement avec nous, après délibération, nommé pour protuteur le sieur..., notaire en la ville de Blidah, dans l'arrondissement de laquelle sont situés les biens de ladite concession, lequel sera indépendant du sieur Charles Richer, tuteur.

Et le sieur Charles Richer a été chargé par le Conseil de faire faire audit sieur..., protuteur la notification de la présente délibération.

18. *Délibération qui refuse de conserver la tutelle à la mère qui veut se remarier.* C. Nap., art. 195, 196.

L'an... et le..., heures du..., devant nous, juge de paix du canton de..., etc., a comparu..., laquelle a dit qu'elle a rempli les formalités voulues par la loi, au décès de son mari, en faisant nommer un subrogé tuteur à P... et G..., ses enfants mineurs, et en faisant faire un inventaire régulier du mobilier de la communauté qui existait entre elle et feu son mari ; qu'à présent elle désire contracter un second mariage avec X..., demeurant à..., mais qu'auparavant elle désire se faire maintenir dans la tutelle de ses enfants, et qu'à cet effet elle a convoqué devant nous, après en avoir pris notre agrément, un Conseil de famille composé suivant la loi, nous priant de la recevoir et présider, de dresser acte de sa délibération, et a signé (*ou déclaré ne le savoir*).

Sont ensuite comparus... (*suivre les précédentes formalités pour l'ordre de la comparution des parents, leur constitution en Conseil de famille, et écrire ce qui suit*) : Le Conseil ainsi constitué, après en avoir délibéré avec nous, attendu que... (*exprimer ici les motifs si le Conseil le veut, sinon il n'y est pas obligé*), à l'unanimité (*ou à la majorité de... voix contre...*) déclare qu'il ne peut conserver à la veuve... la tutelle de ses enfants. En conséquence, il arrête qu'elle sera remplacée dans ladite tutelle aussitôt que son second mariage sera contracté ; à cet effet, le subrogé tuteur est en ce cas chargé de convoquer le Conseil sans retard. Fait et clos le présent procès-verbal.   (*Signatures.*)

19. *Délibération qui conserve la tutelle à la mère en cas de secondes noces.*

(*Suivre la formule précédente jusqu'à ces mots* : Le Conseil ainsi constitué.)

Le Conseil ainsi constitué, et après en avoir délibéré avec nous ; attendu que la veuve E... a rempli les formalités voulues par la loi, lors de son entrée en tutelle, et qu'elle paraît avoir géré convenablement ; attendu qu'elle a toujours montré de la tendresse pour ses enfants, et que le second mariage qu'elle se propose de contracter paraît convenable ; à l'unanimité, le Conseil déclare conserver à ladite veuve... la tutelle de sesdits enfants pendant son futur second mariage avec X..., et lui adjoint ce dernier comme cotuteur, lequel, étant présent, a déclaré accepter cette qualité et se soumettre à répondre, solidairement avec la veuve..., des suites de la tutelle. Fait et clos le présent, etc.

Nota. Quand les deux délibérations qui précèdent ne sont pas prises à l'unanimité, il faut énoncer les noms des votants pour la délibération, et les noms de ceux qui ont voté contre, afin que, si la délibération est attaquée, on puisse connaître ceux qu'il conviendra de citer devant le tribunal. C. proc., 833.

20. *Délibération avec partage sur le choix du tuteur fait par la mère, par testament, après son second mariage, pour les enfants de son premier lit.* C. Nap., art. 400, 401.

L'an...,

A comparu le sieur Charles Richer..., lequel nous a exposé que, par testament olographe en date du..., enregistré le..., déposé en vertu d'ordonnance de M. le président du tribunal de..., dûment enregistré, en l'étude de Me..., notaire à..., dame Marie Corne, tutrice légale de Jean Tulle, son fils, maintenue dans la tutelle après son second mariage, a institué le comparant tuteur dudit Jean Tulle, actuellement âgé de dix-sept ans ; que, pour accomplir les intentions de la testatrice, il a fait appeler, conformément à la cédule que nous lui avons délivrée, à comparaître à ces jours, lieu et heure, les parents par nous désignés en ladite cédule, pour délibérer sur la question de savoir si le choix fait par la mère tutrice doit être ou non confirmé, et il a signé.

A également comparu le sieur Henri Corne, notaire, demeurant à..., second mari de la défunte, et subrogé tuteur du susdit mineur, lequel a déclaré n'avoir aucun moyen opposant au choix fait par la mère tutrice, et il a également signé.

Ont ensuite comparu... (*noms des trois parents de la ligne paternelle et de deux parents de la ligne maternelle ; on constate l'absence du troisième parent de la ligne maternelle, et, s'il y a lieu, le juge de paix prononce contre lui l'amende*) ;

Lesquels, constitués en Conseil de famille, sous notre présidence, ont délibéré avec nous sur le choix dudit tuteur.

Ladite proposition mise aux voix, les trois membres du côté paternel ont été unanimes pour rejeter le choix fait par la mère, et ont déclaré qu'ils n entendaient nullement confirmer la nomination du sieur Charles Richer.

Les deux membres composant la ligne maternelle ont, au contraire, soutenu que le sieur Charles Richer offrait toutes les garanties désirables, soit par sa position, soit par son intégrité, soit par l'intérêt et l'affection qu'il porte audit mineur.

Nous, juge de paix, après avoir inutilement cherché à opérer une fusion parmi les membres délibérants, nous sommes réuni aux deux parents de la ligne maternelle; et, vu l'article 416 du Code Napoléon, avons, à la majorité formée par la prépondérance de notre voix, confirmé purement et simplement le choix fait par la mère testatrice, en la personne dudit sieur Jean Richer, lequel, rappelé au sein du Conseil, a déclaré accepter les fonctions qui lui ont été confirmées.

De tout quoi nous avons rédigé le présent procès-verbal, etc.

21. *Nomination d'un curateur au ventre, sur la demande de la veuve enceinte. C. Nap., art. 393.*

Aujourd'hui..., heures du..., devant nous, juge de paix de..., assisté du greffier, étant en notre prétoire, a comparu B... C..., demeurant à..., veuve de E..., laquelle nous a dit que son mari est décédé le... et qu'il l'a laissée enceinte de... mois; que, par ce motif, elle a convoqué, après en avoir pris notre agrément, un Conseil de famille composé des plus proches parents et amis dans les deux lignes, afin de nommer un curateur à sa grossesse. En conséquence, elle a requis qu'il nous plaise de recevoir et de présider ce Conseil de famille, qui doit à l'instant comparaître à l'amiable devant nous, et a signé (*ou* déclaré ne le savoir, de ce requise).

Ont ensuite comparu : 1º...; 2º...; 3º..., lesquels nous ont dit qu'en déférant à l'invitation de ladite veuve E..., ils consentent à délibérer avec nous sur l'objet de leur convocation. Alors nous les avons déclarés en Conseil de famille, sous notre présidence.

Etant ainsi constitué, le Conseil de famille, après en avoir délibéré avec nous, a déclaré à l'unanimité qu'il nomme pour curateur au ventre (*ou* à la grossesse) de ladite veuve E... le sieur P..., demeurant à..., l'un des délibérants, lequel a déclaré accepter cette fonction et a promis de l'exercer ave exactitude et fidélité.

Vu lesdites nomination et acceptation, nous, juge de paix, disons que le sieur P... deviendra, de plein droit et sans autre formalité, subrogé tuteur d l'enfant à naître de ladite veuve E..., à compter du jour de sa naissance, suivant la loi.

Fait et clos le présent procès-verbal, lecture faite, etc.; etc. (*Signatures des parents, du juge et du greffier.*)

NOTA. Quand la nomination d'un curateur au ventre est requise par un parent au lieu de la veuve, et si le Conseil de famille ne se réunit pas volontairement, le juge de paix délivre une cédule de convocation. On rédige ensuite le procès-verbal de la nomination du curateur, sur la réquisition de ce parent.

Enfin, lorsque c'est le juge de paix qui poursuit d'office la nomination du curateur au ventre, il faut rédiger le procès-verbal en conséquence.

22. *Délibération qui règle la dépense annuelle du mineur.*
C. Nap., art. 454, 455, 456.

L'an...,

A comparu le sieur Charles Richer, tuteur, lequel a exposé qu'après levée des scellés et inventaire des biens meubles desdits mineurs, il a fait vendre les effets mobiliers avec les formalités requises ; que le produit de cette vente s'est trouvé être de quatre mille cinquante-huit francs ; que les biens immeubles loués et affermés produisent annuellement un revenu de cinq mille huit cents francs ; que, de plus, le placement des capitaux, y compris le produit de la vente des susdits meubles, donne un intérêt annuel de cinq cents francs ; qu'en somme, les revenus des mineurs montent à..., tous frais payés (*établir ensuite les détails donnés par le tuteur sur la dépense qu'occasionne actuellement la nourriture, l'entretien et l'éducation de chacun des mineurs, et, s'il y a lieu, l'augmentation prochaine prévue*); qu'il a convoqué le Conseil de famille desdits mineurs pour régler la dépense annuelle de chacun d'eux, et pour fixer la somme à laquelle commencera pour lui l'obligation d'employer l'excédant des revenus sur la dépense.

Ont en même temps comparu...

Préalablement, le sieur Pierre Furne, subrogé tuteur, a reconnu l'exactitude de l'exposé que le tuteur vient de faire sur la situation de la tutelle, et déclaré qu'il adhère à ses propositions.

Sur quoi, vu l'inventaire, le procès-verbal de vente, les baux-fermes et autres pièces produites par le tuteur :

Considérant que les revenus des pupilles se portent annuellement à une somme de...

Que les dépenses indispensables et de première nécessité s'élèvent à... ; que des éventualités, telles que des maladies, peuvent survenir et les augmenter ;

Le Conseil, à l'unanimité, règle la dépense collective des mineurs à une somme de..., avec faculté de l'étendre jusqu'à... lorsqu'il y aura lieu ; et arrête que les... francs d'excédant seront placés, chaque année, et dans les six mois qui suivront les recettes, de la manière la plus avantageuse aux intérêts des mineurs ; faute de quoi le tuteur sera responsable de l'intérêt des sommes dont il aurait négligé de faire le placement.

Et de ce que dessus...

23. *Délibération pour autoriser à faire vendre les meubles échus au mineur, et à en conserver quelques-uns en nature.* C. Nap., art. 452.

L'an...,

A comparu le sieur Charles Richer, tuteur des enfants mineurs Jean et Marie Tulle, lequel a dit que depuis son entrée en fonctions il a fait procéder à la levée des scellés antérieurement apposés, et à l'inventaire des objets mobiliers échus auxdits mineurs de la succession de leur père, Jacques Tulle ; que son intention est de faire vendre aux enchères publiques les objets mobiliers de ladite succession, mais qu'il importe de conserver en nature quelques-uns de ces objets, savoir : la bibliothèque du défunt, composée de livres anciens et de choix, dont le prix ne peut diminuer, et d'un nombre d'autres livres et pièces, la plupart annotés de la main du défunt, et également trois meubles de prix, formant le mobilier du cabinet du sieur Tulle père, consistant en...; que la fortune des mineurs leur permet de conserver tous ces objets en nature; qu'en conséquence, le comparant a, sur l'autorisation que nous lui en avons donnée verbalement, convoqué le Conseil de famille pour délibérer sur sa proposition, ainsi que le subrogé tuteur pour donner son avis, et a signé.

Ont en même temps comparu...

Le Conseil, après avis conforme donné par le subrogé tuteur, considérant... autorise le tuteur à conserver en nature et à ne pas comprendre dans la vente aux enchères qu'il fera du mobilier des mineurs, la bibliothèque...

Et de ce que dessus...

24. *Autorisation d'emprunter pour le mineur et d'hypothéquer ses biens.*

L'an...,

A comparu le sieur Charles Richer..., agissant comme tuteur de..., lequel a exposé...

(*Etablir ici les ressources du mineur, son revenu, les capitaux dont il peut disposer, la somme à laquelle a été fixée sa dépense annuelle; dire, d'un autre côté, ce que doit le mineur, à qui, quelle somme, l'échéance des dettes, la nécessité de payer sans prorogation, la proposition faite par un tiers de prêter au mineur une somme de..., sous condition d'une hypothèque conférée sur tel bien; expliquer l'intérêt qu'a le mineur à hypothéquer plutôt qu'à aliéner.*)

Qu'à cet effet le comparant a, sur l'autorisation que nous lui avons donnée, convoqué, etc., et a signé.

Ont en même temps comparu...

Le subrogé tuteur entendu a déclaré que l'emprunt projeté lui paraissait avantageux pour le mineur.

Sur quoi, vu les pièces soumises au Conseil par le tuteur et consistant en...

Le Conseil, à l'unanimité, autorise le tuteur à emprunter au nom du mineur, par obligation notariée, la somme de..., payable dans le délai de six années, avec intérêts à...; à consentir hypothèque sur les biens du mineur, situés dans l'arrondissement de..., département de..., consistant en.., le tout après homologation.

Et de ce que dessus...

25. *Autorisation à un tuteur pour faire vendre les immeubles du mineur. C. Nap., art. 457.*

L'an..., etc., devant nous, etc.

A comparu le sieur..., demeurant à..., tuteur des mineurs..., lequel nous a dit... (*Exposer ici les faits qui donnent lieu à la vente des biens, soit pour cause de nécessité, poursuites de créanciers, etc.; soit pour un avantage évident. Suivre ensuite les formules précédentes pour la comparution des parents, etc., et continuer comme il suit.)*

Le Conseil ainsi constitué, et après en avoir délibéré avec nous ; vu le compte sommaire, présenté par le tuteur, de sa gestion, et autres pièces justificatives; attendu qu'il est prouvé que les mineurs S... sont dans la nécessité de vendre et aliéner leurs immeubles.

Autorise le sieur..., tuteur desdits mineurs, à faire vendre par justice, en observant les formalités prescrites, la maison de..., située à..., rue de..., n°.. (*ou* le domaine de...), laquelle (*ou* lequel) le Conseil désigne spécialement pour être vendue de préférence, sous les conditions et les charges suivantes... (*énoncer ici les charges et les conditions*). Et sera la présente délibération homologuée, avant de recevoir son exécution. De tout quoi, nous, juge de paix, avons dressé le présent procès-verbal, dont lecture a été faite aux délibérants, qui ont signé avec nous et le greffier.

26. *Autorisation d'accepter une succession échue au mineur.*

L'an...,

A comparu le sieur Charles Richer..., lequel a dit que le sieur Alexandre Marion, oncle paternel dudit mineur, vient de décéder intestat, laissant trois héritiers, au nombre desquels ledit mineur. (*Exposer ici très-sommairement si la succession paraît opulente, et surtout si les dettes sont réputées considérables.*) Le comparant a cru, en conséquence, devoir convoquer le Conseil de famille pour l'autoriser à accepter, s'il y a lieu, sous bénéfice d'inventaire, la succession dont il s'agit, et il a signé.

En même temps ont comparu, savoir, dans la ligne paternelle...

Après avoir entendu le sieur Pierre Furne, subrogé tuteur dudit mineur, lequel a déclaré qu'il considérait aussi comme avantageux pour le mineur d'accepter ladite succession ;

Le Conseil, considérant que le défunt laisse un avoir considérable, tant en meubles qu'en immeubles; que sa succession ne paraît nullement grevée, est d'avis d'autoriser le tuteur à accepter ladite succession pour le compte du mineur, sous bénéfice d'inventaire, conformément à la loi, et de faire dans ce but tous actes utiles et nécessaires.

Et de ce que dessus...

27. *Autorisation de répudier une succession échue au mineur.*
C. Nap., art. 461.

L'an...,

A comparu le sieur Charles Richer..., lequel a dit qu'Etienne Furne, oncle maternel dudit mineur, vient de décéder intestat, ne laissant d'autre héritier naturel que ledit miner. (*Exposer que la succession est très-embarrassée; que l'expropriation forcée des biens était poursuivie avant le décès; et qu'il paraît certain, vu le nombre des créanciers poursuivants et l'importance de leurs créances, que les dettes excèdent de beaucoup l'avoir.*)

Ont aussi comparu, etc.

Le subrogé tuteur a confirmé les détails donnés par le tuteur, et a déclaré qu'il partageait ses appréhensions.

Sur quoi, considérant... (*motifs ci-dessus*) qu'en acceptant, même sous bénéfice d'inventaire, il y a toujours quelques faux frais à exposer, ou tout au moins des diligences à faire, le tout en pure perte;

Le Conseil, à l'unanimité, autorise le tuteur à se présenter au greffe du tribunal de..., à l'effet de répudier, pour et au nom du mineur, la succession d'Etienne Furne, son oncle, et de faire dans ce sens tous actes requis et nécessaires...

Et de ce que dessus...

28. *Autorisation d'accepter une donation faite au mineur.*
C. Nap., art. 463.

L'an..., le...,

A comparu le sieur Charles Richer..., lequel a dit... (*Exposer que la dame..., veuve sans enfant, tante paternelle du mineur, se propose de lui faire donation d'une terre qu'elle possède, située..., d'une contenance de..., avec sa maison d'habitation, et d'une valeur d'environ...; que cette donation doit être pure et simple, et sans aucune charge; que ladite terre est, en outre, libre de toutes dettes et hypothèques; que le tuteur a, en conséquence, convoqué le Conseil de famille pour l'autoriser à intervenir dans l'acte même de donation, et à l'accepter pour le compte dudit mineur.*)

Ont en même temps comparu...

Sur quoi, considérant...

Le Conseil, à l'unanimité, autorise le tuteur à intervenir dans la donation projetée, à accepter pour le compte du mineur ladite donation, à laquelle une expédition de la présente délibération sera annexée; à faire transcrire ladite donation sur le registre des hypothèques de l'arrondissement, et à faire tous les autres actes requis et nécessaires.

Et de ce que dessus...

Nota. Si la donation a déjà été faite avant que l'autorisation de l'accepter soit demandée, on la mentionnera comme résultant d'un acte public en date du..., reçu par M... et son collègue, notaires à..., enregistré. L'on ajoutera tous les détails ci-dessus; l'on dira qu'il y a lieu d'accepter, et le Conseil autorisera le tuteur à se présenter devant tel notaire que bon lui semblera, et à déclarer, dans un acte public ou authentique, en tête duquel sera transcrite la présente délibération, qu'il accepte, pour et au nom du mineur, la susdite donation dans son contenu; à faire signifier au donateur ledit acte d'acceptation, conformément à la loi, et à faire transcrire le tout au bureau des hypothèques de l'arrondissement où se trouvent les biens donnés; comme aussi à prendre possession desdits biens pour et au nom des mineurs, et faire en un mot tous autres actes requis et nécessaires.

29. *Délibération pour autoriser le tuteur à provoquer un partage.*
C. Nap., art. 465.

L'an, etc...,

A comparu le sieur Charles Richer..., lequel a dit que la succession échue auxdits mineurs est grevée de dettes considérables, consistant en..., qu'il y a lieu de vendre, pour éteindre ces dettes, un immeuble ou des droits appartenant au mineur, indivis entre lui et les sieurs..., ses cohéritiers; que l'état d'indivision où se trouvent ces biens ne permet pas d'en faire opérer la vente pour le produit en être appliqué à cette libération ; qu'il y a donc lieu de demander préalablement le partage en justice, pour faire vendre ensuite le lot qui écherra au mineur, ou telle partie de ce lot que le Conseil désignera.

En même temps ont comparu...

A aussi comparu le sieur Pierre Furne, subrogé tuteur, qui a déclaré adhérer à la susdite proposition.

Le Conseil, considérant... (*motifs tirés de l'exposé ci-dessus*) :

Autorise, à l'unanimité, le tuteur à former en justice l'action en partage, et à y procéder dans les formes légales.

Et de ce que dessus...

30. *Autorisation d'intenter une action en justice.*
C. Nap., art. 464.

L'an, le...,

A comparu le sieur Charles Richer..., lequel a dit que lesdits mineurs sont propriétaires du lieu de..., situé commune de..., que le sieur B..., voisin de ladite propriété, a fait divers ouvrages tendant à détourner le cours d'un ruisseau qui arrose les prés dits..., dépendant dudit lieu de..., que les mineurs ont le plus grand intérêt à intenter contre ledit sieur B... l'action possessoire, avant que la possession d'an et jour ait été acquise contre eux ; qu'en conséquence, le comparant, en vertu de cédule par nous délivrée, a convoqué les membres composant le Conseil de famille, à l'effet de lui donner l'autorisation requise pour intenter ladite action.

Ont également comparu...

Le sieur Pierre Furne, subrogé tuteur, a été d'avis d'autoriser ladite action.

Sur quoi, considérant que les droits du mineur sur le lieu de..., et sur le ruisseau qui arrose les prés de..., sont établis par titres et par une possession immémoriale ;

Le Conseil autorise, à l'unanimité, le sieur..., tuteur, à intenter contre ledit sieur B... l'action possessoire ; à le faire citer devant le juge de paix compétent, et à faire dans ce but toutes poursuites et diligences nécessaires.

Et de ce que dessus...

Nota. S'il s'agissait d'une action au pétitoire, ou devant le tribunal de première instance, on ajouterait autorisation de constituer tous avoués, de les révoquer, etc.

31. *Autorisation au tuteur d'acquiescer à une demande intentée contre le minenr.*

L'an...,

Le Conseil, considérant que l'action dirigée par..., contre le mineur..., est fondée sur un titre; qu'elle est justifiée en fait et en droit; qu'il serait impossible d'y défendre; qu'il y a donc lieu d'y acquiescer;

Autorise, à l'unanimité, le tuteur à délaisser l'immeuble..., et à payer les frais faits jusqu'à ce jour.

32. *Autorisation au tuteur pour transiger.*

L'an..., et le..., heures du..., devant nous..., etc., a comparu R..., demeurant à..., tuteur des mineurs..., lequel a dit qu'il existe entre ces mineurs et le sieur P... une contestation pendante au tribunal de..., au sujet de... (*expliquer sommairement l'objet du procès*); qu'il serait convenable aux intérêts desdits mineurs de transiger sur cette contestation, et que le sieur P... lui-même y paraît disposé; que d'après cette disposition il a présenté requête à M. le procureur impérial du..., afin d'obtenir la nomination de trois jurisconsultes pour donner leur avis sur la question de savoir s'il est avantageux aux mineurs de transiger; que sur cette requête M. le procureur impérial a nommé... (*ici les noms et demeures des avocats nommés*); que ces jurisconsultes, après avoir examiné les pièces, ont donné leur avis le... de ce mois, portant que (*exprimer le résultat de la consultation*); qu'ayant communiqué cette consultation au sieur P..., il y a donné son assentiment, de sorte qu'il ne reste à présent au comparant qu'à obtenir l'autorisation du Conseil de famille pour terminer la transaction; qu'à cet effet il a convoqué à l'amiable, après en avoir pris notre agrément (*ou en vertu de notre cédule du...*), un Conseil de famille composé suivant la loi, requérant qu'il nous plaise de le recevoir, de le présider et d'y délibérer, et a signé... (*ou déclaré ne le savoir, de ce requis*).

Ont ensuite comparu : 1º...; 2º...; 3º..., etc. (*Suivre pour les comparutions les formules précédentes, jusqu'à ce qui suit.*)

Le Conseil ainsi constitué, vu les pièces de la contestation dont il s'agit, les requêtes, nomination et consultation ci-dessus énoncées, après en avoir délibéré conjointement avec nous : attendu que... (*énoncer les motifs qui déterminent l'autorisation*); attendu que d'après cela il y a un avantage évident pour les mineurs... à conclure la transaction proposée ; à l'unanimité le Conseil de famille autorise ledit sieur..., tuteur, à transiger par acte notarié avec le sieur P... de la manière et aux conditions exprimées dans la consultation ; à la charge par ledit..., tuteur, de faire homologuer la présente délibération, ainsi que la transaction qui s'ensuivra. De tout quoi nous avons rédigé le présent procès-verbal, dont lecture a été faite aux délibérants, qui ont signé avec nous et le greffier (*ou ont déclaré ne savoir signer*).

33. *Délibération pour autoriser le mariage d'un mineur.*
C. Nap., art. 160.

L'an 185..., et le..., heure de..., à la requête du sieur B..., demeurant à..., au nom et comme tuteur aux personnes et biens de..., mineur, a été dit et exposé qu'il se présente un établissement avantageux pour ledit mineur, en la personne de Mlle..., âgée de..., fille de... et de..., que la dot proposée est de la somme de..., savoir : celle de..., en deniers comptants ; que le mariage est proposé sous le régime de la communauté ; et que les conditions dudit mariage, détaillées dans un projet signé dudit sieur B..., tuteur, et par lui à l'instant remis en nos mains, lequel demeurera annexé à la minute des présentes, paraissent très-favorables ; pourquoi il requiert le Conseil de famille d'approuver lesdites conditions, et de donner son consentement au mariage proposé; ledit tuteur retiré, la matière mise en délibération, les sieurs D..., E..., G..., ont été d'avis d'agréer lesdites propositions et de consentir au mariage; mais les sieurs L..., M... et P..., ont été d'avis contraire, et ont trouvé les conditions du mariage plus onéreuses que profitables audit mineur ; sur quoi nous, juge de paix, après avoir mûrement examiné lesdites conditions, les qualités, les familles et les fortunes des deux personnes dont il s'agit, nous sommes réuni à l'opinion des sieurs D..., E..., G...; en conséquence, il a été arrêté en Conseil de famille que les propositions annoncées par ledit sieur B..., tuteur dudit mineur, sont et demeurent approuvées, et que le Conseil consent au mariage dudit mineur... avec la demoiselle..., autorise ledit tuteur à passer le contrat de mariage, et y consentir pour le Conseil de famille, lui donnant à cet égard tout pouvoir ; à l'effet de quoi il lui sera délivré expédition du présent. Fait en Conseil de famille, en notre domicile à..., les jour, mois et an que dessus, et ont lesdits parents signé avec nous, à l'exception des sieurs L..., M... et P..., lesquels ont déclaré ne le vouloir faire. (*Signatures.*)

Nota. Cette délibération n'a pas besoin d'être homologuée, et les parents ou amis qui ont été d'avis contraire ne peuvent ni l'attaquer ni former opposition au mariage.

34. *Délibération autorisant le tuteur à provoquer la réclusion du mineur.* C. Nap., art. 468, 376 et suiv.

L'an...,

A comparu le sieur Charles Richer...,

Lequel a dit que le susdit mineur... (*Exposer ici la conduite du mineur, en spécifiant les faits principaux, excès et griefs qui donnent lieu à la mesure provoquée*). (*Signature du tuteur.*)

Ont en même temps comparu...

Le Conseil, attendu que les faits exposés par le tuteur sont connus de tous les membres du Conseil, et qu'il est urgent, dans l'intérêt du mineur, d'en arrêter le cours par une sévère répression, autorise, à l'unanimité, le tuteur à requérir de M. le président du tribunal de... la détention dudit mineur, pendant un temps qui ne pourra excéder...

Et de ce que dessus...

55. *Autorisation au mineur de s'engager dans le service militaire.*
L. 21 mars 1832 (1).

L'an...

A comparu le sieur Charles Richer..., lequel a dit que ledit mineur, Jean Tulle, demande l'autorisation nécessaire pour s'engager volontairement dans le service de l'armée de terre ; qu'il a, en sa qualité de tuteur, et conformément à notre autorisation, convoqué le Conseil de famille pour délibérer sur cet objet, et il a signé.

Ont en même temps comparu...

Lesquels, constitués sous notre présidence, ont, conjointement avec nous, après délibération, et considérant que le mineur est âgé de dix-huit ans accomplis ; qu'il est d'une forte constitution, et qu'il a toujours montré du goût pour l'état militaire, autorisé, à l'unanimité, le tuteur à consentir à l'engagement volontaire dudit Jean Tulle, et à se présenter, à cet effet, devant tel maire ou autorité que besoin sera, et à faire tous actes requis et nécessaires.

36. *Autorisation pour restreindre l'hypothèque légale du mineur*
sur les immeubles du tuteur. C. Nap., art. 2143.

L'an...,

A comparu le sieur Charles Richer..., lequel a dit... (*Exposer ici que les immeubles du tuteur sont grevés, en totalité, d'une hypothèque légale au profit du mineur, en vertu de l'article 2121 du Code Napoléon ; que cette hypothèque générale paralyse, entre les mains du tuteur, des valeurs bien supérieures à celles qu'exige la garantie du mineur ; qu'un seul des domaines du tuteur, le domaine de..., sis dans le territoire de la commune de..., consistant en neuf cents hectares de terre, une maison d'habitation considérable..., estimés valoir au moins neuf cent mille francs, libres et francs de toute autre hypothèque que celle du mineur, est plus que suffisant pour répondre de la gestion du tuteur, puisque les biens du mineur n'ont été estimés, dans la délibération de famille, en date du..., enregistrée, valoir qu'une somme de trois cent cinquante mille francs ; qu'il y a donc lieu d'affranchir les autres biens du tuteur de l'effet de l'hypothèque légale*); qu'il a, par conséquent, en vertu de l'article 2143 du Code Napoléon, convoqué, sur cédule, le Conseil de famille... et le subrogé tuteur dudit mineur, pour donner leur avis et délibérer sur la restriction de l'hypothèque légale qui grève tous ses biens.

Ont en même temps comparu...

Le Conseil, après avoir entendu le subrogé tuteur, lequel est d'avis que le domaine de... est plus que suffisant pour garantir la gestion tutélaire, et a signé ;

Vu les titres de propriété du susdit domaine, consistant : 1° dans un acte de vente (*mentionner principalement les titres indiquant le prix de la propriété*)...;

---

(1) Cet acte est exempt de droits d'enregistrement ; les expéditions qui en sont délivrées sont dispensées du timbre. Décision du ministre des finances, du 9 novembre 1832.

Vu le certificat négatif délivré par **M.** le conservateur des hypothèques de l'arrondissement de..., où ladite propriété est située (*motifs tirés de l'exposé ci-dessus*);

Est d'avis, à l'unanimité, qu'il y a lieu de réduire l'hypothèque légale résultant de la tutelle, au susdit domaine de..., et de déclarer, par conséquent, les autres immeubles du tuteur exempts et libres de ladite hypothèque.

Et de ce que dessus.

37. *Avis de parents pour restreindre l'hypothèque légale de la femme.* C. Nap., art. 2144.

L'an..., le..., devant nous..., a comparu R..., demeurant à..., époux de..., lequel nous a dit que... (*exposer ici les faits relatifs au mariage, à la date, à l'importance de la dot de la femme, aux immeubles du mari, les moyens de restreindre l'hypothèque légale, etc.*); qu'en conséquence il a, aux termes de l'article **2144** du Code Napoléon, convoqué quatre des plus proches parents de la femme, savoir...; qu'il nous priait de présider cette assemblée de parents, et de dresser acte de sa délibération, et a signé...

Ont ensuite comparu..., lesquels nous ont dit qu'en déférant à l'invitation du sieur..., ils consentaient à délibérer sur l'avis qui leur était demandé. Alors nous les avons déclarés constitués en Conseil de famille sous notre présidence. Étant ainsi constituée, l'assemblée de parents, après en avoir délibéré avec nous; attendu que les immeubles appartenant au sieur... (*les désigner*) sont d'une valeur plus que suffisante pour garantir la dot, les reprises de sa femme et les autres droits qu'elle pourrait avoir à exercer contre son mari; que tels immeubles... (*les désigner*) sont suffisants pour la conservation entière des droits de la femme; qu'il importe au mari de rendre libres ses autres immeubles; est d'avis que l'hypothèque légale de la femme R..., pour raison de sa dot, de ses reprises et conventions matrimoniales, doit être restreinte aux immeubles susdésignés.

De tout quoi, nous, juge de paix, avons dressé le présent procès-verbal, dont lecture a été faite aux délibérants, qui ont signé avec nous et le greffier. (*Signatures*).

38. *Avis du Conseil de famille sur une demande en interdiction.* C. Nap., art. 494; C. proc., art. 893.

L'an..., etc..., par-devant nous... juge de paix du canton de..., arrondissement de..., département de..., en notre maison et domicile, a comparu le sieur Joseph, propriétaire, demeurant à...

Lequel nous a exposé que le sieur Grégoire, son oncle paternel, demeurant à..., est tombé dans un état de démence qui le rend incapable de gouverner sa personne et ses biens; qu'il a cru qu'il était de son devoir et de la plus urgente nécessité de provoquer son interdiction; à cet effet, il a présenté requête à **M.** le président du tribunal civil de..., laquelle a été répondue d'un soit-communiqué au ministère public, et de nomination d'un des juges pour faire le rapport au tribunal, le... de ce mois.

Sur ce rapport et les conclusions de **M.** le procureur impérial, il a été ordonné, par jugement rendu le... du présent mois, et dont l'expédition est représentée, qu'un Conseil de famille serait formé pour donner son avis sur l'état dudit sieur Grégoire.

En exécution dudit jugement, et en vertu de notre cédule, du..., il a fait convoquer ledit Conseil de famille en la manière ordinaire ; et a fait sommer (*ou* inviter) les parents, en nombre et qualités requis par la loi, de comparaître et de se trouver cejourd'hui, heure présente, par-devant nous ; et à l'instant ledit sieur Joseph s'est retiré après avoir signé.

Ont aussi comparu lesdits parents (*les nommer*).

Le Conseil ainsi formé des parents (*alliés ou amis*) ci-dessus nommés, et de nous, juge de paix ; lecture faite, tant de la requête présentée par ledit sieur Joseph, contenant les faits de démence par lui articulés et détaillés, que des pièces y jointes, ensemble du jugement en date du... présent mois ; lesdits parents, après avoir examiné et délibéré, nous ont déclaré qu'ils connaissent parfaitement l'état de démence dans lequel se trouve ledit sieur Grégoire ; qu'ils sont intimement persuadés qu'il est incapable de gouverner sa personne ainsi que de régir et administrer ses biens, et qu'il y a tout lieu de craindre que l'on n'abuse de sa faiblesse pour l'en rendre victime ; par ces motifs, le Conseil a été unanimement d'avis qu'il soit procédé incessamment à l'interdiction dudit sieur Grégoire.

De tout ce qui précède nous avons donné acte auxdits comparants, qui ont signé avec nous et notre greffier le procès-verbal les jour et an ci-dessus.

39. *Nomination d'un tuteur et d'un subrogé tuteur à l'interdit.*
C. Nap., art. 505 ; C. proc., art. 895.

L'an...,

A comparu le sieur A..., ancien notaire, demeurant à..., agissant en qualité d'administrateur provisoire des biens et de la personne de Charles Henriot, interdit ; lequel a dit que par jugement rendu par le tribunal civil de..., le..., enregistré, et par arrêt rendu sur appel du même jugement par la Cour de..., le..., l'interdiction du sieur Charles Henriot a été prononcée ; qu'un tuteur et un subrogé tuteur doivent être, en conséquence, nommés à l'interdit ; qu'à cet effet il a, d'après cédule que nous lui avons délivrée, et par exploit de..., enregistré, fait citer... (*Suite comme pour la nomination d'un tuteur et d'un subrogé tuteur ordinaires ; voir la* formule 7.)

40. *Nomination de l'expert priseur, et prestation du serment, lorsque le père ou la mère, tuteur, veut conserver les meubles en nature.*

L'an..., devant nous, juge de paix du canton de..., assisté de..., notre greffier ;

A comparu le sieur Charles Richer, tuteur légal de ses enfants issus de son mariage avec défunte Marie Dubois ; qui a dit que le plus âgé desdits mineurs n'a pas atteint sa dixième année ; que le comparant, en sa qualité de père, a l'usufruit légal des biens desdits enfants jusqu'à dix-huit ans ; que son intention est de garder en nature les meubles appartenant à sesdits enfants ; qu'à cet effet il se propose de faire à ses frais une estimation à juste valeur, et que, pour se conformer à la loi, il a invité M. Pierre Furne, subrogé tuteur, ici présent, à nommer un expert priseur pour faire cette estimation.

A également comparu ledit sieur Pierre Furne, subrogé tuteur des susdits mineurs, qui reconnaît qu'il est avantageux de conserver en nature leur mobilier, et nomme pour expert le sieur Alexis Fabre, commissaire-priseur, lequel a prévenu celui-ci de se présenter pour prêter le serment requis.

A ces fins a comparu le sieur Alexis Fabre, expert priseur, qui a déclaré accepter la commission à lui déférée, et il a promis et juré de la remplir avec conscience.

Et de ce que dessus a été fait et dressé le présent procès-verbal, qui a été signé par les trois comparants, par nous et notre greffier, après lecture faite.

41. *Emancipation donnée au mineur pour faire le commerce.*
C. Nap., art. 477, 479.

L'an..., le..., par-devant nous (*nom, prénoms*), juge de paix de..., assisté du sieur... (*nom, prénoms*), greffier de notre justice de paix ;

A comparu (*nom, prénoms, profession et domicile du père ou de la mère*) lequel a déclaré que le sieur... (*nom, prénoms*), son fils, ayant quinze ans accomplis, ce qui résulte d'un extrait des registres de l'état civil de la ville de..., et que reconnaissant en lui une capacité suffisante pour administrer sa personne et ses biens, il entendait profiter du droit que la loi lui donne de l'émanciper.

En conséquence, il a déclaré qu'il l'émancipait, et nous a requis de dresser le présent acte ; et a signé avec nous et le greffier, après lecture faite. (*Signatures du père ou de la mère, du juge de paix et du greffier.*)

42. *Acte d'émancipation par le Conseil de famille.*
C. Nap., art. 478, 479.

L'an..., le..., en l'hôtel de la justice de paix, sis à..., devant nous...

A comparu le sieur... (*nom, prénoms, qualité et domicile*), lequel, en sa qualité de tuteur du sieur... (*nom, prénoms*), a exposé que les père et mère dudit sieur... sont décédés ;

Que celui-ci est âgé de dix-huit ans accomplis, ainsi qu'il résulte d'un extrait des registres de l'état civil de la ville de...

Que, par sa conduite antérieure, il offre toute espèce de garantie pour la bonne administration de sa personne et de ses biens ; que, par conséquent, il mérite qu'on lui confère le bénéfice de l'émancipation ;

Que, dans ces circonstances, et par suite de notre indication verbale à ce jour, il a convoqué par-devant nous les parents les plus proches en degré dudit mineur dans les lignes paternelle et maternelle, en nombre suffisant pour compléter le nombre de six, etc.

Le Conseil, délibérant sous notre présidence et conjointement avec nous, a été unanimement d'avis qu'il y a lieu d'émanciper le sieur... (*nom, prénoms de l'émancipé*), et nous a autorisé en conséquence à prononcer son émancipation ; et à l'instant même nous avons déclaré ledit sieur... émancipé.

En ce qui touche la nomination d'un curateur :

Le Conseil est d'avis, également à l'unanimité, que cette fonction soit déférée au sieur... (*nom, prénoms, qualité et domicile*), l'un de ses membres, lequel, ici présent, l'a acceptée et a promis de la remplir fidèlement.

Et de tout ce que dessus nous avons fait et rédigé le présent procès-verbal, que les membres du Conseil de famille ont signé avec nous et le greffier, après lecture faite. (*Signatures des membres du Conseil de famille, du juge de paix et du greffier.*)

43. *Autorisation donnée au mineur pour faire le commerce.* C. Nap., art. 487 ; C. comm., art. 2.

L'an..., le..., par-devant nous..., juge de paix du canton de..., a comparu à l'hôtel de la justice de paix, sis à..., M... (*nom, profession, domicile*) ;

Lequel a déclaré autoriser spécialement M..., son fils, âgé de dix-huit ans, ainsi qu'il résulte de son acte de naissance, en date du..., émancipé, suivant déclaration faite par lui... devant nous..., ainsi qu'il résulte d'un procès-verbal, en date du .., à faire le commerce (*énoncer si l'autorisation embrasse le commerce en général, ou si elle est restreinte à certains actes de commerce*);

Lesquels actes de naissance et procès-verbal d'émancipation nous avons lus et à l'instant rendus.

Pour faire publier ces présentes partout où besoin sera, tout pouvoir est donné au porteur de leur expédition.

Et de tout ce que dessus nous avons fait et rédigé le présent procès-verbal, que le sieur... a signé avec nous, après lecture faite.

Fait et passé à..., le..., etc. (*Signatures du père, du juge de paix et du greffier.*)

44. *Révocation de l'émancipation par le père ou par la mère.* C. Nap., art. 485.

L'an...,

A comparu le sieur Pierre Tulle..., lequel nous a dit que, suivant procès-verbal fait devant nous, le..., enregistré, il a conféré l'émancipation à Jean Tulle, son fils, âgé de dix-sept ans ; mais que ce dernier abuse des droits que l'émancipation lui a donnés ; qu'elle tourne à son désavantage ; et que les engagements par lui contractés ont été déclarés réductibles pour cause d'excès, par jugement du tribunal de..., en date du..., enregistré, et dont une expédition nous a été produite.

En conséquence, le comparant déclare révoquer, comme de fait il révoque formellement ladite émancipation, entendant que son fils rentre immédiatement en tutelle.

De laquelle déclaration nous, juge de paix, avons donné acte, dont lecture a été faite au comparant, qui a signé avec nous et notre greffier.

45. *Révocation de l'émancipation par le Conseil de famille.*
C. Nap., art. 485, 477 et suiv.

L'an...,

A comparu le sieur Joseph Tardif, curateur de Jean Tulle, fils de Pierre Tulle et de Marie Henri, ses père et mère décédés, mineur, âgé de dix-sept ans, émancipé suivant une délibération du Conseil de famille, en date du..., enregistrée ; lequel Joseph Tardif a dit que le mineur Jean Tulle abuse de l'émancipation qui lui a été donnée ; que sa conduite devient de jour en jour plus répréhensible ; qu'il dépense ses revenus en frivolités, et que, par jugement du tribunal de..., en date du..., enregistré, des engagements par lui contractés envers... ont été déclarés réductibles ; que ledit curateur a en conséquence convoqué, en vertu de l'autorisation que nous lui avons donnée, le sieur Charles Richer, ancien tuteur, et les six membres composant le Conseil de famille dudit mineur, pour délibérer sur le retrait de ladite émancipation, et a signé.

Ont en même temps comparu...

Lesquels, constitués en Conseil de famille, sous notre présidence, ont délibéré avec nous ; et, considérant... (*Motifs tirés de l'exposé ci-dessus.*)

Le Conseil, à l'unanimité, révoque l'émancipation conférée au mineur Jean Tulle.

Vu cette résolution, nous, juge de paix, déclarons que l'émancipation accordée au mineur Jean Tulle est et demeure révoquée, et qu'en conséquence il rentrera en tutelle.

Et sans désemparer, ledit Conseil de famille, conjointement avec nous, a de plus, à l'unanimité, nommé, en tant que de besoin, le sieur Charles Richer tuteur dudit mineur, et le sieur Jacques Ortis subrogé tuteur, lesquels, ici présents, ont déclaré accepter de nouveau lesdites fonctions.

Et de ce que dessus...

46. *Acte d'adoption.* C. Nap., art. 343 et suiv.

L'an..., le..., par-devant nous, juge de paix du canton de..., arrondissement de..., département de..., assisté de M..., greffier ;

Ont comparu Pierre..., propriétaire, demeurant à..., célibataire, âgé de...

Et Paul..., étudiant, demeurant à..., âgé de...;

Lesquels ont fait les déclarations suivantes :

1º M. Pierre, voulant donner à M. Paul une preuve de l'attachement qu'il a pour lui, a déclaré vouloir l'adopter, comme il l'adopte en effet par ces présentes, et nous a requis de recevoir l'acte de sa déclaration à cette fin ;

2º M. Paul a également déclaré consentir à ladite adoption, et s'est engagé à remplir envers M. Pierre les devoirs qu'elle lui impose, etc.

(*Si l'adoptant a un conjoint, et si l'adopté a son père et sa mère, leur consentement est ainsi exprimé*) Est aussi comparu... (*indiquer la personne dont le consentement est requis*), lequel a déclaré donner son consentement à l'adoption faite par...

Ou M... nous a remis l'acte dûment en forme, en date du..., constatant le *consentement de... (indiquer la personne)* à l'adoption faite par... (*Si l'adopté a requis le conseil de ses père et mère, par un acte respectueux, Code Napoléon, art. 346, on l'énonce de la même manière.*)

De tout ce que dessus a été dressé le présent acte dont nous avons donné lecture aux parties, après quoi elles l'ont signé avec nous et le greffier, à..., les jour, mois et an susdits. (*Signatures.*)

47. *Procès-verbal de tutelle officieuse, convenue avec les parents de l'enfant.* C. Nap., art. 361 et suiv.

L'an, etc..., par-devant nous, juge de paix du canton de..., ont comparu le sieur B..., demeurant à..., veuf sans enfants, d'une part ;

Et le sieur R..., demeurant à..., et M..., son épouse, demeurant avec lui ;

Lesquelles parties ont fait les conventions suivantes :

Le sieur B... a requis ledit sieur R... et la dame M..., son épouse, de lui accorder la tutelle de P..., leur fils, âgé de onze ans, ainsi qu'il appert par son acte de naissance, en date du..., délivré par l'officier de l'état civil de la municipalité de..., aux offres que fait ledit sieur B... de remplir toutes les obligations imposées aux tuteurs officieux par le Code Napoléon.

Et, de leur part, ledit sieur R... et la dame M... ont déclaré consentir et acquiescer à la demande dudit sieur B..., à la charge par lui de (*énoncer les conditions imposées par les père et mère*); auxquelles charges et conditions ledit sieur B... a déclaré souscrire, et a promis de les accomplir et exécuter.

En conséquence, lesdits sieurs R... et dame M... ont accordé audit..., ce requérant et acceptant, la tutelle officieuse de P... leur fils, aux charges, clauses et conditions ci-dessus énoncées, et acceptées par ledit sieur B..., ainsi qu'il est dit ; au moyen de quoi la personne dudit P..., mineur, sera remise audit sieur R...; et de tout ce que dessus, nous, juge de paix susdit, avons fait et rédigé le procès-verbal, qui a été signé par les parties contractantes, par nous et notre greffier, les jour, mois et an que dessus. (*Signatures.*)

48. *Tutelle officieuse convenue avec le Conseil de famille.* C. Nap., art. 361 et suiv.

L'an, etc..., en l'assemblée de parents et amis de N..., fils mineur des défunts N... et N..., ses père et mère, convoqués à la réquisition de..., tuteur dudit mineur..., par-devant nous..., juge de paix du canton de..., et où se sont trouvés, etc., s'est présenté le sieur A..., demeurant à..., lequel a requis lesdits parents et amis dudit mineur... de lui accorder la tutelle officieuse aux offres qu'il fait, et a signé et s'est retiré.

Sur laquelle demande lesdits parents et amis ayant délibéré, sous notre présidence et conjointement avec nous, ont été unanimement d'avis... (*énoncer les conditions imposées par le Conseil de famille*); et ledit A..., rentré en l'assemblée, nous lui avons fait connaître le résultat de la délibération, et a ledit sieur A... déclaré accepter toutes les conditions que le Conseil de famille est d'avis de lui imposer, et a promis de les accomplir et exécuter; en conséquence, nous, juge de paix susdit, de l'avis dudit Conseil de famille, avons accordé audit sieur A... la tutelle officieuse dudit...

De tout quoi nous avons fait et rédigé le présent procès-verbal, qui a été signé par les membres du Conseil de famille, par ledit sieur **A...**, par nous et notre greffier, mois et an que dessus. (*Signatures.*)

§ 2. Scellés.

49. *Modèle d'apposition de scellés d'office.* C. proc., art. 914; Tarif, art. 1, 3, 16.

Nous..., juge de paix du canton de..., étant informé que le sieur **A...** (*prénoms, nom, profession et domicite du défunt*) est décédé ce matin, et que son héritier présomptif est le sieur **B...**, demeurant à..., son... (*énoncer la parenté*), lequel n'est pas présentement en ce pays (*ou bien* : est le sieur **B...**, son..., mineur, n'ayant pas de tuteur, ou servant dans les troupes, armée de...*); pour la conservation des droits dudit héritier, nous sommes transporté d'office avec notre greffier, à l'effet d'apposer les scellés sur les meubles et effets du défunt, cejourd'hui..., l'an..., heure de..., en sa maison, sise en la commune de..., canton de..., n°..., tenant à...

Arrivés à la maison sus-désignée (*si l'apposition a lieu avant l'inhumation, on commence par constater la présence du corps*), entrés en... (*désigner la pièce, l'étage, sa vue*), nous avons trouvé le corps dudit défunt gisant sur un lit.

Se sont présentés devant nous... (*énoncer les personnes trouvées dans la maison, veuve ou autre maître, et les domestiques*), auxquels nous avons fait part du sujet de notre transport, lesquels ont déclaré ne point s'opposer à l'apposition de nos scellés.

Et, de suite, nous avons apposé nos scellés par plusieurs bandes de papier scellées en cire rouge, empreinte de notre sceau, ainsi qu'il suit, savoir :

Dans la chambre à coucher du défunt, sise au premier étage, ayant vue par... croisées sur...

1° Une bande de papier sur l'ouverture de chacun des quatre tiroirs, deux grands et deux petits, d'une commode de noyer..., fermant les quatre tiroirs avec la même clef ; et, après avoir fermé lesdits tiroirs, avons remis la clef audit sieur..., notre greffier, pour rester en ses mains jusqu'à la levée.

2° Trois bandes, en haut, bas et milieu, sur les deux battants d'une armoire de..., fermant à bascule, haut et bas, au milieu une serrure fermant à tour et demi, avec sa clef, que nous avons remise audit sieur..., notre greffier, pour rester en ses mains jusqu'à la levée.

Dans un cabinet attenant à ladite chambre à coucher, ayant vue par deux croisées sur...

3° Trois bandes, placées en haut, bas et milieu, à l'intérieur, sur l'ouverture de chacune des deux croisées ;

4° Trois bandes, en haut, bas et milieu, placées à l'extérieur, sur l'ouverture de la porte du cabinet donnant dans la chambre à coucher, fermée à deux tours et demi avec la clef que nous avons remise audit sieur..., notre greffier, pour rester en ses mains jusqu'à la levée.

Dans... 5°..., 6°..., 7°... (*Suit la description des effets laissés en évidence.*

L'argent comptant trouvé monte à la somme de..., laquelle a été placée dans..., sous nos scellés, à l'exception de celle de..., laissée à..., pour le dépenses courantes de la maison.

Lesquels lieux et effets sus-désignés sont tous ceux qui nous été indiqués pour avoir été occupés par le défunt et pour lui avoir appartenu.

Se sont de nouveau présentés devant nous... (*dénommer la veuve, les autres maîtres et les domestiques de la maison*), de chacun desquels nous avons séparément reçu le serment qu'ils n'avaient rien pris ni détourné, qu'ils n'avaient rien vu prendre ni détourner, et qu'ils n'avaient pas connaissance qu'on eût rien pris ni détourné des meubles, effets et papiers dépendant de la succession dudit défunt, et ont signé en cet endroit. (*Signatures.*)

Avons établi pour gardien de nos scellés, et des effets laissés en évidence, la personne de..., qui a déclaré s'en charger, pour les représenter à qui il appartiendra, et a signé en cet endroit. (*Signature du gardien.*)

Fait en ladite maison, lesdits jour et an, depuis l'heure de... jusqu'à celle de... (*Signatures du juge de paix et du greffier.*)

50. *Procès-verbal d'apposition de scellés sur réquisition.*

L'an..., le..., heure de..., nous..., juge de paix du canton de..., assisté de..., notre greffier, étant requis, nous sommes transporté rue..., n°..., en la maison occupée par le sieur Pierre, marchand ; où étant, a comparu dame Marie Benoît, laquelle nous a dit que le sieur Pierre, son mari, vient de décéder, et qu'elle nous requiert, pour la conservation de ses droits, d'apposer le scellé tant sur les effets et papiers qui sont en ladite maison, délaissés par le décès de son mari, que dans tous autres lieux où il pourrait s'en trouver, et a signé.

Sur quoi, nous, juge susdit, avons donné acte à ladite dame veuve Pierre de son réquisitoire ; et étant entré, assisté de notre greffier, dans une chambre au rez-de-chaussée, avons trouvé le corps dudit sieur Pierre gisant sur un lit, et ladite dame veuve Pierre a remis deux clefs qu'elle nous a dit, et que nous avons vérifié être, l'une celle de l'armoire, et l'autre celle de la commode, étant toutes deux en ladite chambre et ci-après désignées; nous avons apposé notre sceau particulier dont l'empreinte a été déposée au greffe du tribunal de première instance, dans les lieux et sur les objets ci-après indiqués.

Dans la chambre du rez-de-chaussée :

1° Sur les extrémités de deux bandes de papier portant sur l'ouverture de chacune des deux portes d'une armoire en bois de noyer, de la hauteur de trois mètres, largeur de un mètre et demi ;

2° Sur quatre tiroirs d'une commode en bois d'acajou, couverte en marbre veiné, de la hauteur de..., largeur de... (*On décrit ainsi chaque meuble sur lequel est apposé le scellé.*)

Dans le cabinet dudit sieur Pierre, attenant à ladite chambre, etc.

Ensuite, étant monté dans une chambre au second étage de ladite maison, suivant l'indication à nous faite par ladite veuve Pierre, et nous préparant à apposer le scellé sur une armoire, ladite veuve Pierre nous a déclaré que, pour l'usage de la maison, jusqu'à la levée du scellé et ses suites, elle se chargerait de la quantité de trois douzaines de serviettes de toile blanche, de la grandeur d'un mètre, marquées en bleu des lettres C. et P., initiales des noms du défunt ; plus, etc. (*Décrire tout ce qu'on laisse.*) Lesquels objets ayant été retirés par ladite veuve Pierre, elle s'en est chargée et a promis de représenter le tout quand il appartiendra, et a signé.

Cela fait, nous avons apposé notre sceau sur l'ouverture des portes de ladite armoire, laquelle est en bois de chêne, hauteur de..., largeur de...

Après quoi, nous disposant à apposer le scellé sur un bureau qui était dans ladite chambre, ladite dame veuve Pierre nous a requis de faire l'ouverture du tiroir du milieu dudit bureau, et de constater les espèces qui y sont ; l'ouverture ayant été faite, à l'aide de la clef qu'elle nous a remise, il s'est trouvé dans ledit tiroir la somme de 1,859 fr. 75 c., savoir : 1,255 francs en pièces de cinq francs, 4 francs en pièces de un franc, 600 francs en trente pièces d'or de vingt francs chacune, et 75 centimes en petite monnaie ; laquelle somme de 1,859 fr. 75 c. avons laissée à ladite veuve Pierre, sur sa demande, et elle s'en est chargée, tant pour fournir au payement des frais de maladie et d'enterrement, que pour satisfaire à la dépense de la maison ; le tout à titre d'acte conservatoire, de surveillance et d'administration provisoire, et sans que cela puisse lui attribuer d'autre qualité que celle qu'elle jugera à propos de prendre, et a signé. (*Suit l'évidence.*)

Dans ladite chambre s'est trouvé en évidence un lit composé de, etc. (*L'apposition faite et l'évidence constatée, on clôt comme il suit :*)

Lesquels lieux et effets ci-dessus désignés sont tous ceux à nous indiqués par ladite veuve Pierre, laquelle, après serment par elle fait devant nous qu'elle n'a rien détourné directement ni indirectement, s'est, desdits scellés et effets, volontairement chargée, et a promis de représenter le tout quand et à qui il appartiendra, et a signé avec nous et notre greffier, auquel ont été remises, au fur et à mesure que l'apposition a été faite, toutes les clefs des serrures sur lesquelles le scellé a été apposé, et il s'en est chargé jusqu'à la levée desdits scellés.

51. *Autre modèle de procès-verbal d'apposition de scellés avec opposition et référé, et présentation d'un paquet trouvé en apposant les scellés, ou d'un testament.*

Le, etc.,

Nous..., juge de paix du canton de..., assisté de M..., greffier de notre justice de paix...

En exécution de notre ordonnance du... et obtempérant à la réquisition qu'elle contient, accompagné du sieur B..., requérant, nous sommes transporté à la maison qui était habitée par le sieur C..., où étant arrivé et monté au premier étage, dans une chambre servant de..., nous avons trouvé la dame..., veuve dudit sieur C..., à laquelle nous avons expliqué..., et nous l'avons invitée, en conséquence, à nous indiquer tous les lieux qui composaient l'appartement occupé par elle et son défunt mari.

Ladite veuve C... nous a dit que le sieur B..., qui avait requis l'apposition des scellés, n'étant pas le créancier sérieux de son défunt mari, elle entendait s'opposer à ce que nous procédassions à aucune apposition de scellés, requérant qu'il en fût référé devant qui de droit, et a signé sous toutes réserves. (*Signatures.*)

A quoi le sieur B... a répondu à l'instant qu'il ignorait sous quel prétexte la dame C... prétendait qu'il n'était pas créancier sérieux de son défunt mari, puisqu'il était porteur de...; que cependant il ne s'opposait nullement à ce qu'il en fût référé à **M.** le président du tribunal civil ; mais en même temps qu'il qu'il nous requérait d'établir garnison intérieure et extérieure pour empêcher le divertissement des effets de la succession, et a ledit sieur B... signé. (*Signatures.*)

Sur quoi, nous, juge de paix, avons donné acte aux parties de leurs dires et réquisitions ci-dessus; et attendu l'opposition faite par Mme veuve C..., disons qu'à l'instant même nous allons nous transporter devant M. le président du tribunal de première instance, à..., au palais de justice et en son cabinet, pour être par lui statué sur l'obstacle survenu à l'apposition des scellés; et considérant que la maison où nous sommes a plusieurs issues, et qu'il serait facile d'emporter des meubles et effets pendant notre absence, avons établi à chacune des portes d'entrée de ladite maison un gardien, savoir : à la porte sur la rue..., le sieur..., demeurant..., et à la porte sur le jardin, le sieur..., demeurant..., lesquels ont tous deux accepté cette garde, et ont signé le présent procès-verbal avec nous, les parties et le greffier. (*Signatures.*)

Et étant arrivés à..., devant M. D..., président du tribunal de première instance, séant audit lieu, nous lui avons fait notre rapport, et après avoir entendu les parties, il a rendu l'ordonnance suivante... (*Texte de cette ordonnance.*) (*Signatures.*)

Et le...

En conséquence de l'ordonnance qui précède, nous nous sommes transporté au domicile du sieur C..., où nous avons relevé de leur garde les gardiens provisoires, après avoir pris d'eux serment qu'ils n'ont vu ni su qu'il ait été, pendant notre absence, détourné aucuns effets; après quoi, ladite veuve C... nous a requis de faire, avant notre apposition des scellés, perquisition du testament qu'elle sait que son mari a fait il y a... ans environ, et a signé.

Et par le sieur B... a été dit qu'il n'empêchait pas cette perquisition, et a signé.

Ce à quoi obtempérant, nous avons fait perquisition dans tous les secrétaires, bureaux et armoires qui nous ont été indiqués par ladite veuve C... comme devant contenir le testament annoncé, et nous avons trouvé dans un meuble placé dans..., ayant vue au midi, un paquet carré, cacheté de..., et portant pour suscription ces mots : *Ceci est mon testament,* signé C..., avec paraphe; l'enveloppe duquel paquet nous avons paraphée avec ledit sieur B... et la dame veuve C..., et nous avons indiqué... prochain... mars mil huit cent..., heure de midi, pour nous transporter devant M. le président du tribunal de première instance de..., à l'effet de lui présenter le paquet dont il s'agit, pour qu'il en fasse l'ouverture et ordonne le dépôt du testament qui y est renfermé, et nous avons signé en cet endroit avec les parties comparantes. (*Signatures.*)

(*Si au lieu d'un testament ce sont des papiers cachetés sans suscription, on procède de la même manière, en indiquant que le paquet est sans suscription*).

Et ensuite nous avons commencé ladite apposition des scellés, ainsi qu'il suit :

Dans une salle à manger ayant vue au couchant, nous avons appliqué deux bandes de ruban, l'une portant d'un bout sur... et portant d'autre bout sur...; l'autre bande portant d'un bout sur... et d'autre bout sur..., aux extrémités de chacune desquelles bandes nous avons mis nos scellés en cire rouge molle, portant pour empreinte notre cachet de juge de paix.

Les objets existant dans cette chambre, qui n'ont pas été mis sous les scellés, sont : 1°...; 2°... etc. (*Dans chaque chambre l'évidence se fait ainsi au fur et à mesure avant de passer d'une pièce dans une autre*).

Dans le..., nous avons trouvé la somme de... en pièce de cinq francs et monnaie de billon; laquelle somme nous avons laissée à ladite dame veuve qui s'en est chargée pour servir à fournir aux dépenses de la maison, et sans que cela puisse lui attribuer d'autre qualité que celle qu'elle jugera à propos de prendre par la suite, et a signé. (*Signatures*.)

Lesquels lieux et effets ci-dessus désignés sont tous ceux à nous indiqués par les comparants, et notamment par la dame veuve C..., laquelle, après serment par elle fait devant nous, et par ses domestiques, qu'ils n'ont rien détourné, vu ni su qu'il eût été rien détourné, directement ou indirectement, des meubles et effets, et biens de ladite succession, s'est, desdits scellés et de tout ce que dessus, volontairement chargée, et a promis de représenter le tout quand et à qui il appartiendra.

Ce fait, le sieur B..., élisant domicile en la demeure de N..., habitant de cette commune, a requis qu'il fût délivré expédition du présent procès-verbal, et il a été remis au greffier dix clefs des serrures sur lesquelles notre scellé a été apposé ; il a été vaqué à tout ce que dessus, depuis ce matin neuf heures jusqu'à... heures après midi, et avons signé avec les comparants et le greffier.

A... etc.

Et le..., par-devant **M. D...**, président du tribunal de première instance de..., en son cabinet à..., en présence du sieur B..., requérant, et de ladite dame veuve C..., nous avons fait notre rapport, et présenté le paquet trouvé lors des opérations d'apposition de scellés ; et après avoir entendu lesdits B... et C..., M. le président a rendu l'ordonnance suivante... (*Texte de l'ordonnance du président.*)

52. *Découverte d'un testament ouvert.*

...Et nous avons trouvé un papier plié, mais non cacheté, commençant par ces mots : *Je soussigné*, et finissant par ceux-ci : *fait à..., le...* JEAN-JACQUES MERLE. Ce papier est le testament du défunt, en forme olographe, sur une feuille de papier timbré de soixante-dix centimes, dont trois pages écrites, contenant, la première quinze lignes, la deuxième dix-huit-lignes, la troisième douze lignes y compris la signature. Il ne présente ni blancs, ni interlignes, ni ratures, ni surcharges ; et nous n'y avons remarqué aucun autre signe particulier. Les parties nous ayant invité à leur en donner connaissance, nous leur en avons fait lecture ; ensuite, et en leur présence, nous l'avons couvert d'une enveloppe, dont nous avons scellé les bouts au moyen d'un cachet en cire rouge et ardente, sur lequel nous avons apposé notre sceau. Nous avons écrit sur l'enveloppe ces mots : *Paraphé par nous, juge de paix, soussigné, cejourd'hui vingt mars mil huit cent cinquante*, et par les parties ici présentes, sachant signer. (*Suivent les signatures.*)

Nous, juge de paix, nous sommes emparé dudit testament, et avons déclaré aux parties qu'il sera par nous présenté à **M.** le président du tribunal civil de l'arrondissement, demain, à dix heures du matin...

53. *Opposition à ce que les scellés soient apposés, référé, continuation ou discontinuation de l'opération.*

S'est présenté le sieur A... (*prénoms, nom, profession et domicile du comparant*), lequel nous a dit que par testament olographe, en date du..., qu'il nous représente, le défunt l'a constitué légataire universel de tous ses biens meubles et immeubles. Qu'aucun héritier à réserve n'existant, il se trouve saisi de tous les objets de la succession de plein droit et sans être tenu de demander la délivrance; pour quoi il s'oppose à ce que l'apposition commencée soit par nous continuée, requiert même la levée de ceux déjà apposés, et a signé. (*Signature de l'opposant.*)

Le sieur B... a répliqué qu'en qualité d'oncle paternel du défunt, il était habile à se dire son héritier; que le testament opposé n'a encore reçu aucune authenticité, puisqu'il n'a pas été présenté à M. le président du tribunal civil; qu'il est d'ailleurs dans l'intention d'attaquer le testament par le motif que... En conséquence, il nous requiert de continuer l'opération commencée, et a signé. (*Signature du requérant.*)

Sur quoi nous, juge de paix susdit, pour être fait droit sur l'opposition ci-dessus, nous avons ordonné qu'il en serait par nous référé sur-le-champ (*ou le jour de demain*) au président du tribunal de première instance, séant... Jusqu'à l'ordonnance à intervenir en référé, nous avons établi, pour la conservation des droits de qui il appartiendra, dans les lieux sus-désignés, les sieurs..., gardiens, pour empêcher qu'il ne soit soustrait ou enlevé aucun effet, jusqu'à ce qu'il ait été statué sur l'apposition ci-dessus. (*Signature du juge de paix et du greffier.*)

(*L'ordonnance rendue en référé est consignée sur le procès-verbal du juge de paix; il s'y conforme de suite, le jour même, ou le lendemain.*)

(*S'il est ordonné que l'apposition aura lieu.*)

Et de suite, nous, juge de paix susdit, obtempérant à ladite ordonnance, et à la réquisition ci-dessus, nous sommes transporté de nouveau, accompagné de notre greffier, avec ledit sieur B..., en la maison du défunt sus-désignée, où étant arrivé nous avons trouvé le sieur A..., auquel nous avons donné connaissance de l'ordonnance de M. le président, qui ordonne de passer outre; ce que voyant, le sieur A... a déclaré réserver tous ses droits pour les faire valoir en temps et lieu, et n'assister à nos opérations que sous toutes réserves. Nous avons ensuite commencé l'opération ainsi qu'il suit...

(*S'il est ordonné que l'apposition n'aura pas lieu.*)

Et de suite, nous, juge de paix susdit, obtempérant audit jugement, et à la réquisition ci-dessus, nous sommes transporté de nouveau, accompagné de notre greffier, avec ledit sieur B..., en la maison du défunt sus-désignée, où étant arrivé (*s'il y a déjà des scellés apposés*), nous avons levé les scellés par nous apposés sur les portes, fenêtres et meubles désignés en notre procès-verbal ci-dessus : nous avons ordonné aux sieurs... et..., établis gardiens, de se retirer, et (*s'il y a lieu*), après avoir fait remettre audit sieur A... les clefs de..., dont nous avions chargé notre greffier, nous nous sommes retiré, et a, ledit sieur A..., signé le présent avec nous et notre greffier. (*Signatures.*)

54. *Réquisitoire sur le procès-verbal de scellés, tendant à être autorisé à la gestion d'une succession, en conservant droit de renonciation.*

Après l'apposition de nos scellés, le sieur..., présomptif héritier, a dit qu'attendu qu'il ne veut nullement s'immiscer dans les affaires de la succession, qu'il est cependant urgent de pourvoir à son administration, il requiert d'être autorisé à recevoir ce qui est dû, payer telles sommes, débiter en détail les marchandises du fonds de commerce, donner congés, en recevoir, fournir aux dépenses journalières, etc. (*On énonce ainsi tous les objets sur lesquels doit porter l'autorisation*). Et a signé.

Duquel réquisitoire nous avons audit... donné acte, et avons ordonné qu'il en sera par nous référé, le..., heure de..., à M. le président du tribunal de première instance, en son hôtel, auxquels lieu, jour et heure les parties sont averties de se trouver sans sommation. Et ont les parties signé avec nous et notre greffier.

Nota. Sur le réquisitoire, soit qu'il s'agisse de succession, soit qu'il s'agisse de communauté, on va en référé. L'ordonnance du président est rendue sur le procès-verbal des scellés. Cependant, s'il y avait péril dans le retard, le juge de paix peut statuer, sauf à en référer ensuite au président. — Si le réquisitoire est accueilli, le juge accorde l'administration à celui qui la requiert; et s'il y en a plusieurs, à celui qu'il est plus convenable de nommer.

55. *Ordonnance de référé portant autorisation.*

Et ledit jour..., heure de..., nous, juge susdit, nous sommes transporté devant M. le président du tribunal de..., en son hôtel, rue..., où étant, M. le président, après avoir entendu notre rapport et les parties contradictoirement, attendu que..., a ordonné que, sans attribuer au sieur... (*le présomptif héritier*) *ou* à la dame veuve... (*si c'est la veuve*), d'autre qualité que celle qu'il *ou* qu'elle jugera à propos de prendre dans ladite succession ou communauté, ledit... *ou* ladite... est autorisé à... (*on énonce tous les objets de l'autorisation*). Et M. le président a ordonné que sa présente ordonnance sera exécutée nonobstant opposition ou appel, et sans y préjudicier, avec ou sans caution ; et a signé avec nous et notre greffier.

56. *Procès-verbal constatant que les portes sont fermées;*
référé, ouverture et apposition.

L'an..., etc., par-devant nous..., juge de paix du canton de..., est comparu en notre demeure, sise..., le sieur Paul, etc., lequel nous a dit qu'étant créancier du sieur Pierre de la somme de..., suivant obligation exécutoire du..., passée devant..., la grosse de laquelle il nous a représentée, il nous requiert de nous transporter en la maison qu'occupait le sieur Pierre, sise..., et d'apposer nos scellés sur les effets et papiers dudit sieur Pierre, qui vient de décéder, et a signé.

Duquel réquisitoire nous avons donné acte audit sieur Paul. En conséquence, assisté de notre greffier, nous nous sommes transporté en ladite maison, où étant arrivé à l'heure de..., et ayant trouvé la porte fermée, et notre greffier ayant frappé à différentes reprises sans que personne ait répondu, avons établi pour garnison à ladite porte le sieur..., lequel, présent en personne, nous avons chargé de veiller à ce qu'il ne sorte personne ni aucuns effets et papiers de ladite maison, jusqu'à ce qu'il ait été relevé de ladite commission qu'il a promis de bien et fidèlement remplir, et a signé.

Cela fait, nous avons ordonné qu'il serait sursis à l'apposition requise par ledit sieur Paul, jusqu'à ce qu'il ait été statué par **M**. le président du tribunal de..., en son hôtel, sis..., le..., heure..., auxquels jour et heure ledit sieur Paul a promis de se trouver, et a signé.

Et ledit jour..., heure..., nous, juge susdit, assisté de notre greffier, nous étant présenté devant **M**. le président de..., en son hôtel, sis..., où s'est trouvé ledit sieur Paul, **M**. le président, après avoir entendu notre rapport et ledit sieur Paul, a ordonné qu'attendu que le sieur Paul est créancier en vertu du titre exécutoire sus-énoncé, qu'en cette qualité la loi l'autorise à faire apposer le scellé, et que le refus d'ouverture des portes n'est nullement justifié, il sera par nous procédé et passé outre à l'apposition du scellé requis ; à l'effet de quoi, après que la garnison par nous établie aura été relevée, si le cas y échet, les portes de ladite maison seront ouvertes en notre présence par telles personnes qu'il nous plaira indiquer, et nous nous ferons assister, si besoin est, de la force armée, et a ordonné au surplus que sa présente ordonnance sera exécutée par provision, sans caution, ou avec caution, nonobstant opposition ou appel, et sans y préjudicier, et a signé.

En conséquence, nous, juge susdit, assisté de notre greffier, nous sommes transporté au-devant de ladite maison, où étant arrivé ledit jour, heure de..., avons trouvé le sieur Paul, lequel nous a requis de procéder à l'exécution de ladite ordonnance, et a signé.

A l'instant s'est présenté le sieur..., gardien précédemment établi par nous, lequel nous a dit qu'en notre absence personne n'a paru ni n'est sorti, qu'il n'a rien vu sortir de ladite maison, et a demandé d'être déchargé de ladite garde, ce que nous avons accordé. Et il a signé avec nous et notre greffier.

Cela fait, ledit sieur... ayant frappé par nos ordres à la porte de ladite maison, et personne n'ayant répondu, nous avons fait venir le sieur..., serrurier, et ladite porte ayant été ouverte par lui en notre présence, nous sommes entré et avons apposé notre sceau particulier, etc. (*Le reste comme dans le procès-verbal d'apposition du scellé.*)

57. *Procès-verbal constatant que les portes sont fermées ; ouverture ordonnée par le juge, apposition des scellés et référé.*

L'an, etc. (*comme dans le procès-verbal ci-dessus, jusqu'à ces mots inclusivement :* « ayant frappé à différentes reprises sans que personne ait répondu. ») Attendu qu'il est trop tard pour aller en référé chez **M**. le président du tribunal ; que ledit référé ne peut avoir lieu que demain, heure de... ; que d'après les localités, la garnison qui serait établie à l'extérieur ne serait pas une garantie suffisante des divertissements qu'on pourrait faire, et qu'il est, par conséquent, urgent d'apposer le scellé, avons ordonné qu'il serait à l'instant procédé à l'ouverture de ladite porte, et par provision à l'apposition du scellé, et que notre ordonnance serait exécutée par provision, avec ou sans caution, nonobstant opposition ou appel, et sans y préjudicier. A l'effet de quoi nous avons fait venir le sieur..., serrurier, etc. (*Le reste comme à la fin du procès-verbal ci-dessus ; et l'on termine comme au procès-verbal du scellé, en ajoutant qu'il en sera référé au président, tels jour et heure.*)

58. *Obstacle à la mise des scellés résultant d'une saisie-exécution.*

L'an...

Arrivé en la maison ci-dessus désignée, a comparu le sieur **M... E...,** huissier, assisté de ses deux témoins, lequel nous a dit qu'il procède en ce moment même à la saisie des meubles et effets mobiliers garnissant la maison du défunt, à la requête du sieur Henri Prèle, son créancier, en vertu d'un jugement rendu par le tribunal civil de..., en date du...; que cette saisie a été commencée hier, alors que le débiteur vivait encore; que, nonobstant son décès survenu pendant l'exécution, il a cru devoir la continuer, et que nous arrivons au moment même où il allait clore son procès-verbal.

Ladite dame Benoît a prétendu que la saisie à laquelle on avait procédé était nulle; que le titre, exécutoire contre le débiteur *vivant*, ne l'était plus contre le débiteur *décédé*; en conséquence, qu'il y avait lieu de passer outre, sans nous arrêter à la prétendue saisie; et elle nous a requis de nouveau de placer nos scellés, sous toutes protestations de droit.

Nous, juge de paix, avons donné acte aux comparants de leurs dires, réquisitions, oppositions et protestations; et attendu qu'il ne nous appartient pas de statuer sur la validité ou la non-validité de la saisie, nous ordonnons qu'il sera sursis à l'apposition des scellés, pour en être référé devant M. le président du tribunal civil de l'arrondissement, et qu'en attendant la décision de ce magistrat, les meubles et effets saisis ne seront pas déplacés; et nous avons invité la partie requérante et le sieur **M... E...,** huissier, représentant le saisissant, à comparaître devant M. le président du tribunal civil le..., à... heures du matin, pour voir statuer sur ledit référé, étant déclaré qu'il sera statué tant en absence que présence. Et à la conservation des meubles et effets de la succession, nous avons établi gardien autour de la maison le sieur..., avec ordre de veiller à ce qu'aucun effet ou papier n'en sorte.

Et de ce que dessus... (*Après l'ordonnance de référé, on continue ainsi :*)

Etant entré dans la susdite maison, nous y avons trouvé le sieur **M... E...,** huissier, et le sieur **Henri Prèle,** auxquels nous avons représenté l'ordonnance de M. le président, qui ordonne de passer outre; ce que voyant, lesdits sieurs **E...** et **Prèle** ont dit ne plus s'opposer à la mesure requise, mais qu'ils se réservaient tous leurs droits pour les faire valoir en temps et lieu, et qu'ils n'assisteraient à nos opérations que sous cette réserve, et ils ont signé. (*Signatures.*)

Nous, juge de paix, avons donné acte aux parties comparantes de leurs dires et consentements, et avons, en leur présence, procédé comme suit...

59. *Ordonnance du président du tribunal civil, qui vide un référé.*

Nous..., président du tribunal civil de l'arrondissement de...

Vu le procès-verbal ci-dessus;

Ouï le rapport de M..., juge de paix;

Ouï les parties intéressées dans leurs dires et observations respectives;

Considérant que le scellé est une mesure conservatoire; que le sieur...

Ordonnons qu'il sera procédé et passé outre;

Auquel effet, ordonnons que les portes de ladite maison seront ouvertes par telles personnes qu'il plaira à **M**. le juge de paix requérir, et l'autorisons à se faire assister, si besoin est, de la force armée ; disons que la présente ordonnance sera exécutoire par provision, nonobstant toutes oppositions quelconques.

(*Variante. En cas de refus du président d'ordonner l'apposition des scellés, son ordonnance porterait :*)

Considérant que la partie requérante est sans droit, sans intérêt et sans qualité pour requérir la mesure du scellé ; que, dans l'espèce, **M**. le juge de paix n'est pas tenu de procéder d'office ;

Ordonnons qu'il n'y a pas lieu de passer outre, et que **M**. le juge de paix retirera le gardien par lui établi.

Donné à..., le... (*Signatures du président et du greffier.*)

60. *Revendication pendant l'apposition des scellés.*

S'est présenté le sieur Charles Hardy, marchand brocanteur, demeurant à..., lequel a dit que, dans le nombre des effets du défunt, doivent se trouver six couverts d'argent, marqués des lettres C. H., qu'il avait prêtés au défunt six jours avant sa mort, et qui ne lui ont pas été rendus.

Nous ont été représentées à l'instant par M..., domestique du défunt, six cuillers et six fourchettes d'argent, marquées desdites lettres C. H., comme étant celles réclamées par le comparant, et que ledit comparant a reconnues être les siennes, et ont, lesdits Hardy et M..., signé en cet endroit. (*Signatures.*)

Nous, juge de paix susdit, avons donné au sieur Hardy acte de sa déclaration, pour lui valoir d'opposition à la levée des scellés, lors de laquelle il fera valoir sa réclamation.

61. *Procès-verbal contenant description sommaire en cas de succession composée d'objets de peu de valeur.*

L'an..., le...,

Nous, juge de paix du canton de..., étant informé que le sieur A... est décédé ce matin, et que le sieur B..., son héritier présomptif, demeurant à..., n'est pas présentement dans ce pays, nous sommes transporté d'office avec notre greffier, etc. (*comme ci-dessus, formule 49*).

Arrivé en la maison sus-désignée, s'est présenté devant nous le sieur Joseph Nique, voisin et ami du défunt, lequel nous a dit que le défunt habitait un appartement composé de deux pièces seulement ; qu'il vivait très-modestement, sans domestique ; que les meubles et effets mobiliers laissés par lui sont de peu de valeur.

Nous, juge de paix, étant entré dans ledit appartement, composé de deux chambres, au deuxième étage, prenant jour sur..., avons, en effet, reconnu que le mobilier qui garnit lesdites chambres est de peu de valeur, et qu'il n'y a pas lieu d'y apposer les scellés.

Nous nous sommes, en conséquence, borné à en faire la description sommaire comme suit...

62. *Procès-verbal de carence.* C. proc., art. 924;
Tarif, art. 1, 3, 16.

L'an..., etc. (*comme le procès-verbal de scellé, jusqu'à ces mots inclusive-*
ment : « vient de décéder ») ,

Et qu'elle nous requiert de constater que ledit sieur Pierre ne laisse aucuns
effets, papiers ni argent, *ou* que les effets ou papiers qu'il laisse sont de trop
peu de valeur pour nécessiter l'apposition des scellés. Et a signé.

Sur quoi nous, juge susdit, avons donné acte à ladite dame veuve Pierre de
son réquisitoire, et étant entré, assisté de notre greffier, dans une chambre au
premier étage, avons trouvé le corps dudit sieur Pierre gisant sur un lit, et,
perquisition faite, n'avons rien trouvé, *ou* n'avons trouvé que tels effets, de
trop peu de valeur pour mériter l'apposition d'un scellé. Ce fait, ladite dame
veuve Pierre a affirmé devant nous qu'elle n'a rien détourné, vu ni su qu'il ait
été rien détourné directement ni indirectement, et avons laissé lesdits effets en
la garde de ladite dame Pierre, qui a promis de les représenter quand et à qui
il appartiendra, et a signé avec nous et notre greffier.

63. *Apposition des scellés chez un dépositaire public, tel que notaire,*
receveur des droits d'enregistrement, percepteur, etc. C. proc.,
art. 911.

L'an..., nous..., assisté...

Informé que le sieur... (*mettre ici la qualité du défunt*) est décédé cejour-
d'hui, nous nous sommes transporté, avant l'inhumation, à son domicile, à l'effet d'apposer les scellés sur les minutes, registres, répertoires et autres objets
dépendant du dépôt public dont le défunt était chargé. (*S'il s'agit d'un percepteur*
ou receveur de deniers publics, on mentionnera la caisse.)

Étant entré chez le défunt, après avoir conféré de l'objet de notre transport
avec M. A..., son plus proche parent (*ou* son premier commis, *ou* son serviteur et domestique), nous avons, en sa présence, procédé comme suit.

Nous avons d'abord visité toutes les pièces de la maison occupée par le
défunt, et nous nous sommes assuré que tous les objets, titres ou papiers
dépendant du dépôt public dont il était chargé, se trouvaient dans une pièce
qui lui servait de cabinet, située au premier étage..., ce qui nous a été affirmé
par serment par ledit sieur A... (*Procéder ensuite comme dans les cas or-*
dinaires.)

64. *Apposition des scellés après le décès d'un militaire.*
Arrêté du 13 nivôse an X, art. 1.

L'an...

Informé que M..., intendant militaire de la 8e division, est décédé ce matin
en son hôtel, rue..., nous nous sommes transporté d'office en sa demeure, conformément à l'arrêté du 13 nivôse an X, à l'effet d'apposer les scellés sur les
papiers, cartes, plans et mémoires militaires et autres objets qui se trouvent en
la possession du défunt, et qui pourraient appartenir à l'État.

Nous avons préalablement invité M. le maire de la commune de... à assister à notre opération ; et en sa présence et celle du sieur A..., frère du défunt, auquel nous avons fait part de l'objet de notre transport, nous avons procédé comme suit :

Nous avons d'abord visité toutes les pièces de l'hôtel, et, avant d'arriver au cabinet du défunt, nous n'avons trouvé aucuns papiers, cartes, plans ou mémoires militaires.

Arrivé dans le cabinet occupé par le défunt, nous avons fait l'inspection, et nous nous sommes assuré que tous ses papiers militaires, cartes, plans ou autres, se trouvent dans une grande armoire dudit cabinet. Nous avons, en conséquence, apposé le scellé sur cette armoire, dont la clef a été remise au greffier. Ledit sieur A... nous ayant assuré, avec serment, qu'il n'existe pas d'autres papiers appartenant à l'État, nous lui avons donné acte de son serment et l'avons établi gardien de notre scellé, laquelle fonction il a déclaré accepter ; et avons dressé ce procès-verbal, qui a été signé par ledit sieur A..., par M. le maire, par nous et notre greffier, après lecture.

65. *Apposition des scellés après le décès d'un curé ou desservant.* Décret du 6 novembre 1813, art. 37, 38.

L'an..., nous..., assisté de..., notre greffier ;

Informé que M..., curé (ou desservant) de la paroisse de..., dépendant de notre canton, est décédé ce matin, nous sommes transporté d'office, avant l'inhumation, en sa demeure, à l'effet d'apposer les scellés sur le mobilier dépendant de ladite cure et de la fabrique, conformément au décret du 6 novembre 1813.

Étant sur le lieu, a comparu M..., trésorier de la fabrique, qui nous a désigné les objets dépendant du dépôt public, et nous avons procédé en sa présence de la manière suivante. (*On procède comme dans les cas ordinaires, si ce n'est qu'on sépare les objets dépendant de la cure et de la fabrique et qu'on appose les scellés sur ces seuls objets.*)

66. *Opposition à la levée des scellés, faite sur le procès-verbal d'apposition des scellés.* C. Nap., art. 926 ; Tarif, art. 18.

Et le..., en notre demeure et par-devant nous..., juge de paix du canton de..., assisté de notre greffier, a comparu le sieur Louis Antoine, propriétaire, demeurant à Paris, rue de..., lequel nous a déclaré qu'il est opposant à la reconnaissance et levée de nos scellés, apposés par nous après le décès du sieur Pierre, suivant procès-verbal ci-dessus et des autres parts ; attendu qu'il est créancier de la succession dudit sieur Pierre, suivant son obligation passée devant..., notaire à..., le..., enregistrée le..., par..., qui a reçu... Et a signé.

Nota. Aux termes de l'article 927 du Code de procédure, l'on doit énoncer la cause de l'opposition, à peine de nullité.

67. *Opposition par exploit à la reconnaissance et à la levée des scellés.*
C. proc., art. 1039, 928; C. Nap., art. 921; Tarif, art. 19, 21.

L'an, etc., à la requête du sieur Louis Robert, propriétaire, demeurant à Paris, etc.; je, etc., soussigné, ai signifié et déclaré à M⁰..., greffier de la justice de paix du canton de..., demeurant à..., parlant à..., que ledit sieur Robert est opposant à la reconnaissance et levée des scellés apposés par M. le juge de paix du canton de..., après le décès du sieur Pierre, suivant son procès-verbal du..., attendu qu'il est créancier de la succession dudit sieur Pierre, suivant son billet du..., échu le..., enregistré par..., qui a reçu... Et ai audit M⁰... laissé copie.

Nota. Le greffier doit viser cette opposition (C. proc., art. 1039); mais il ne lui est rien alloué pour ce visa. Tarif, art. 19.

68. *Opposition en sous-ordre à la reconnaissance et à la levée
des scellés.*

L'an, etc., à la requête du sieur Louis, etc., je, etc., ai signifié et déclaré à M⁰..., greffier de la justice de paix de..., etc. : 1º que ledit sieur Louis étant créancier du sieur Paul de la somme de..., suivant son obligation du..., etc., lequel sieur Paul est lui-même créancier du sieur Pierre, suivant son obligation du..., ledit sieur Louis, au nom et comme exerçant les droits de son débiteur, est opposant à la reconnaissance et levée des scellés apposés par M. le juge de paix après le décès dudit sieur Pierre, suivant le procès-verbal du...; 2º que ledit sieur Louis, en sa qualité de créancier dudit sieur Paul, est opposant en sous-ordre sur lui à ladite reconnaissance. Et ai audit M⁰... laissé copie du présent.

69. *Ordonnance à fin de levée de scellés.*

Vu la requête ci-dessus, le bail et l'acte de notoriété y annexés; attendu 1º qu'il est urgent de rendre les lieux dont il s'agit le..., et, à cet effet, de lever ledit scellé ; 2º que le suppliant, majeur, est seul héritier et accepte la succession purement et simplement; permis de faire lever ledit scellé sur-le-champ par le juge de paix qui l'a apposé, et ce, sans description, en sa présence et du consentement des parties intéressées, appelées à cet effet. Fait à...

70. *Réquisition à fin de levée des scellés.*

L'an, etc., le..., par-devant nous, juge susdit, assisté de notre greffier, comparu le sieur..., lequel nous a requis de lever le scellé par nous apposé après le décès de..., suivant notre procès-verbal ci-dessus; et, à cet effet, de lui délivrer notre ordonnance indicative des jour et heure où la levée sera faite, et de lui faire délivrer, par notre greffier, extrait des opposants audit scellé; à quoi obtempérant, nous lui avons délivré notre ordonnance portant indication à tel jour, telle heure, et mandement d'y appeler les parties intéressées et les opposants, dont l'extrait lui a été délivré par notre greffier. Et a ledit... signé avec nous et notre greffier.

71. *Ordonnance indicative des jour et heure.*

Nous, juge de paix du canton de..., conformément à notre ordonnance, mandons au sieur..., huissier, sur ce requis, à la requête de..., demeurant..., de sommer et donner assignation à tous ceux qui lui seront indiqués, et aux opposants à la levée et reconnaissance des scellés par nous apposés sur les effets délaissés après le décès de..., à comparaître le..., heure de..., en la maison où est décédé ledit..., sise..., pour, en exécution de notre présente ordonnance, être présents, si bon leur semble, auxdites reconnaissance et levée de scellés, et à l'inventaire, prisée et description de ce qui se trouvera; leur déclarant que, faute d'y comparaître, il y sera procédé tant en absence qu'en présence; et, qu'en cas d'absence des intéressés demeurant hors de la distance de cinq myriamètres, on appellera pour eux, à la levée et à l'inventaire, un notaire nommé par M. le président du tribunal de première instance. De ce faire, nous donnons pouvoir. Fait et délivré le...

72. *Demande en distraction de certains effets placés sous les scellés.*
C. proc., art. 915.

L'an..., le..., devant nous, juge de paix du canton de..., assisté de notre greffier, est comparu le sieur..., fils du sieur..., dénommé, qualifié et domicilié au procès-verbal d'apposition des scellés des autres parts, lequel nous a dit qu'il est à sa connaissance que son père était porteur d'un billet de la somme de... environ, souscrit par le sieur..., demeurant à...; qu'il croit que ledit billet est payable demain; qu'il doit se trouver dans le secrétaire placé à..., sur lequel nous avons apposé nos scellés; que pour en obtenir le payement ou le faire protester s'il y a lieu, il requiert notre transport dans les lieux où nous avons apposé nos scellés, pour que nous puissions lever celui mis sur le secrétaire en question et y faire perquisition du billet, afin de le lui remettre pour en toucher le montant ou le faire protester faute de payement; et a signé. (*Signature du requérant.*)

Sur quoi nous, juge de paix susdit et soussigné, attendu qu'il importe de pouvoir présenter au payement le billet dont il s'agit, attendu qu'il y aurait péril dans le retard, et vu l'article 915 du Code de procédure, disons que nous allons nous transporter à l'instant avec notre greffier dans la maison..., où est décédé ledit sieur..., et où nous avons apposé nos scellés, pour faire perquisition du billet dont il s'agit dans le secrétaire placé dans..., et sur lequel nous avons apposé nos scellés; et avons signé avec le greffier. (*Signatures.*)

Et étant arrivé avec notre greffier en la susdite maison... et introduit dans la chambre à coucher dudit défunt..., nous avons reconnu sains et entiers les scellés que nous avions apposés sur le secrétaire étant dans ladite chambre, et comme tels levés et ôtés, et ensuite, à l'aide de la clef du secrétaire restée entre les mains de notre greffier, nous avons ouvert ledit secrétaire, fait perquisition du billet annoncé y être enfermé, et nous avons trouvé en effet un billet en date du..., de la somme de..., souscrit par le sieur..., demeurant à..., à l'ordre du sieur..., le billet causé... et stipulé payable au... présent mois, et nous avons remis présentement ce billet au sieur..., qui le reconnaît et s'en charge pour en toucher le montant ou le faire protester s'il y a lieu, et nous avons aussitôt réapposé nos scellés sur le secrétaire, et nous nous sommes retiré après avoir signé avec ledit sieur... et notre greffier.

73. *Procès-verbal de reconnaissance et levée des scellés avec inventaire.*
C. proc., art. 936 ; Tarif, art. 1, 2, 3, 16.

Ledit jour..., heure de..., nous..., juge de paix du canton de..., assisté du sieur..., notre greffier, en conséquence de l'ordonnance délivrée par nous le..., et du réquisitoire du sieur Louis Paul, ci-après nommé, nous nous sommes transporté en la demeure où est décédé ledit sieur Jean Paul, sise à..., où, étant arrivés, ont comparu :

Le sieur Louis Paul, etc., présomptif héritier dudit sieur Jean Paul, en cette qualité ayant fait apposer les scellés après décès, et requérant actuellement leur levée ;

Lequel, assisté dudit Me A..., nous a remis l'original de l'exploit de..., huissier, du..., enregistré le..., contenant sommation à sa requête..., à (*désigner les noms des personnes sommées*), de comparaître aux jour, lieu et heure susdits, pour être présents aux reconnaissance et levée de nos scellés, et à l'inventaire des effets, titres et papiers dépendant de la succession dudit sieur Jean Paul, ensemble à l'estimation des objets qui y sont sujets, par les officiers choisis par les parties ou nommés d'office ; laquelle sommation est demeurée ci-annexée, nous requérant en conséquence de procéder aux reconnaissance et levée de nos scellés, pour qu'il soit de suite, et au fur et à mesure, procédé à l'inventaire de tout ce qui se trouvera sous lesdits scellés et en évidence. Et a signé avec ledit Me A..., son avoué.

A ensuite comparu, assistée de Me B..., son avoué, dame Marie Benoît, veuve dudit sieur Jean Paul, demeurant à..., stipulant à cause de la communauté qui a existé entre elle et son défunt mari, suivant leur contrat de mariage, et qu'elle se réserve d'accepter ou de répudier.

Laquelle nous a dit qu'elle ne s'oppose pas, et requiert qu'il soit par nous procédé aux reconnaissance, levée de scellés et inventaire, et qu'elle nomme pour notaire la personne de Me A..., et pour commissaire-priseur Me O..., offrant de représenter les scellés sains et entiers, ainsi que les meubles et effets en évidence confiés à sa garde. Et a signé.

A aussi comparu Me C..., notaire à..., y demeurant, rue..., nommé par ordonnance de M. le président du tribunal de première instance de..., en date du..., enregistrée le..., à l'effet de représenter aux reconnaissance, levée des scellés, inventaire et vente du mobilier, les sieurs Denis et René Paul, habiles à se dire et porter héritiers, chacun pour un quart, dudit défunt sieur Jean Paul, lequel M. C..., audit nom, nous dit qu'il ne s'oppose pas, et requiert même qu'il soit procédé aux reconnaissance, levée des scellés et inventaire ; mais il déclare choisir pour notaire Me... et pour commissaire-priseur Me..., requérant, et, dans le cas où ladite dame veuve Paul persévérerait dans sa nomination, qu'il en soit référé. Et a signé.

A aussi comparu M⁰ E..., avoué au tribunal de première instance de.... et du sieur Henry, marchand, demeurant à...

Lequel a dit que le sieur Henry est créancier de la succession et communauté, de la somme de 600 francs, pour le montant d'un billet signé PAUL, du..., enregistré à..., par..., qui a reçu... et, déclare qu'il requiert qu'il soit en sa présence, comme avoué plus ancien des opposants, procédé aux reconnaissance et levée desdits scellés. Et a signé.

A également comparu M⁰..., avoué au même tribunal, et du sieur Germain, propriétaire, demeurant à...;

Lequel a dit que le sieur Germain est créancier desdites succession et communauté, d'une somme de 4,000 francs, pour le montant d'une obligation passée devant M⁰..., notaire à..., le..., enregistrée le..., etc., pour sûreté de laquelle ledit sieur Germain a formé opposition aux reconnaissance et levée des scellés; et requiert qu'il soit procédé à ladite levée en sa présence, comme avoué du seul opposant qui ait un titre authentique. Et a signé.

Desquels comparution, offres, dires, réquisitions et remises, avons aux susnommés donné acte; et attendu ce que dessus, avons ordonné qu'il en sera référé par nous à M. le président du tribunal, le.... heure de..., en la Chambre du conseil dudit tribunal, où les parties ont promis de se rendre. Et elles ont signé avec le greffier.

Et le..., heure de..., au palais de justice, en la Chambre du conseil du tribunal de première instance de..., et devant M. le président dudit tribunal, en présence de : 1° M⁰..., avoué du sieur Louis Paul, requérant la levée des scellés; 2° M⁰..., avoué de la dame veuve Paul; 3° M⁰..., avoué de M. C..., notaire commis pour représenter lesdits sieurs...; 4° M⁰..., avoué du sieur..., opposant...; 5° et M⁰..., avoué du sieur..., autre opposant, nous avons fait notre rapport à M. le président des difficultés ci-dessus; et, après avoir entendu les avoués des parties, M. le président a ordonné :

En ce qui concerne le choix des officiers, qu'attendu l'opposition d'intérêts qui existe entre la dame veuve et les héritiers Paul, résultant de ce qu'elle est belle-mère desdits héritiers, les notaires et commissaires-priseurs nommés par les parties procéderont auxdits inventaire et prisée, le..., heure..., et jours suivants, auxquels les parties seront tenues de se trouver sans nouvelle sommation; 2° en ce qui concerne la concurrence entre les avoués des opposants, qu'attendu que le sieur... est porteur d'un titre privé, et le sieur..., porteur d'un titre authentique, M⁰..., avoué de ce dernier, restera comme avoué plus ancien. Ce qui sera exécuté nonobstant l'appel, et sans y préjudicier. Et a M. le président signé.

Et le..., heure de..., nous, juge de paix susdit, assisté de..., notre greffier, en conséquence de l'indication faite ci-dessus par M. le président, nous sommes transporté en la demeure où est décédé ledit Jean Paul, rue..., où, étant arrivé, ont comparu :

Ledit sieur Louis Paul, ci-devant nommé, qualifié et domicilié, lequel, assisté de M⁰..., avoué, nous a requis de procéder auxdites reconnaissance et levée de scellés, afin qu'il soit aussi procédé à l'inventaire de tout ce qui se trouvera sous les scellés et en évidence, et à la prisée par les notaires et commissaires-priseurs nommés à cet effet par l'ordonnance sur référé ci-dessus. Et a le sieur Louis Paul signé avec ledit M⁰..., son avoué.

La dame Marie Benoît, veuve Paul, demeurant rue..., stipulant à cause de la communauté de biens qui a existé entre elle et son défunt mari, suivant leur contrat de mariage, et qu'elle se réserve d'accepter ou de répudier ;

Laquelle, assistée de M⁰..., son avoué, nous a requis de procéder auxdites reconnaissance et levée de nos scellés, qu'elle était prête et offrait de nous représenter sains et entiers ; comme aussi de procéder aux inventaire et prisée des meubles et effets dépendant des succession et communauté. Et a signé.

A aussi comparu M⁰...

A aussi comparu M⁰..., notaire à..., y demeurant, rue..., nommé par ordonnance de M. le président du tribunal de première instance de..., en date d..., dûment enregistrée, pour représenter aux reconnaissance, levée de scellés, inventaire et vente mobilière dont il s'agit, les sieurs Denis et René Paul, absents ; lesdits sieurs Louis, Denis et René Paul, présomptifs héritiers, chacun pour un tiers, dudit défunt Jean Paul, leur père ;

Lequel a dit qu'il comparaît pour assister auxdites reconnaissance, levée de scellés et inventaire, et a signé.

Enfin, a comparu M⁰..., avoué au tribunal de première instance de..., et du sieur Germain, dénommé ci-dessus, et encore ledit M⁰..., comme avoué plus ancien des opposants ;

Lequel a dit qu'il comparaît pour, en sadite qualité, assister aux opérations dont il s'agit, et a signé.

Sur quoi, nous, juge de paix susdit et soussigné, avons donné acte aux parties de leurs comparutions, dires, réquisitions et offres ; en conséquence, disons qu'il va être par nous procédé aux reconnaissance et levée des scellés, à l'effet d'être de suite procédé par les officiers ci-devant nommés à l'inventaire dont il s'agit, et à la prisée des objets qui y sont sujets, le tout à la conservation des droits des parties et de tous autres qu'il appartiendra ; et avons signé avec le greffier.

En conséquence, il a été par nous et par lesdits officiers procédé ainsi qu'il suit :

Ayant reconnu sains et entiers, comme tels, levé et ôté les scellés apposés sur une armoire placée dans la salle au rez-de-chaussée, et fait ouverture de ladite armoire avec la clef qui était entre les mains de notre greffier ;

Il a été procédé à l'inventaire, description et prisée des effets qu'elle renfermait.

(*On désigne tous les meubles sur lesquels on lève les scellés au fur et à mesure comme suit. — Lorsque l'inventaire est fait, on termine ainsi le procès-verbal :*) Cela fait, les scellés étant entièrement levés, et ledit inventaire achevé, ledit... est et demeure déchargé de la garde desdits scellés, et des effets et papiers, lesquels, avec les clefs qui étaient entre les mains de notre greffier, ont été remis à..., le tout suivant qu'il est dit audit inventaire, auquel il a été procédé, ainsi qu'à ces présentes, depuis..., heure de..., jusqu'à celle de... Et toutes les parties ont signé avec nous et le greffier.

74. *Procès-verbal de levée des scellés sans description.*

L'an..., devant nous..., juge de paix, assisté de...,

A comparu le sieur Jacques Ortès, marchand, demeurant à..., qui nous a dit que, depuis l'apposition des scellés par nous faite en la demeure de Jacques Faure, rentier, sise à..., décédé..., il s'est écoulé plus de trois jours ; que lesdits scellés ayant été apposés à cause de l'absence de Marie Dormoy, l'une des héritières du défunt, ils deviennent maintenant sans objet, puisque ladite Marie Dormoy est présente ; en conséquence le comparant nous prie de nous transporter sur le lieu du scellé à l'effet d'en faire la levée sans description, et il a signé. (*Signature.*)

Nous, juge de paix, déférant à la réquisition ci-dessus, disons que nous nous rendrons cejourd'hui même, à trois heures de relevée, en la maison du défunt pour procéder aux fins requises, en présence et du consentement des parties intéressées. (*Signature du juge et du greffier.*)

Cejourd'hui... ,à trois heures de relevée, nous...., juge de paix, assisté de notre greffier,

En vertu de l'ordonnance ci-dessus, nous nous sommes transporté en la demeure dudit Jacques Faure, rue..., où étant, ont comparu :

1º Ledit Jacques Ortès, qui a persisté dans les déclarations ci-dessus ;

2º Ladite demoiselle Marie Dormoy, ouvrière, domiciliée à..., qui nous a dit qu'elle était absente lors du décès de Jacques Faure, son oncle ; qu'elle et son cousin Jacques Ortès sont les seuls héritiers dudit Jacques Faure, et qu'ils sont tous deux d'accord pour demander la levée des scellés, sans description et sans inventaire ;

3º Le sieur Joseph Lucet, gardien des scellés et des objets laissés en évidence, lequel a offert de représenter le tout.

Nous, juge de paix, avons donné acte aux susdites parties de leurs comparution et consentement ;

Et considérant que lesdites parties sont maîtresses de leurs droits ; qu'elles sont seules héritières du défunt Jacques Faure ; qu'elles ne doivent compte à personne de la succession ; qu'il n'a été d'ailleurs fait aucune opposition aux scellés, avons examiné les localités et reconnu que les effets laissés en évidence sont exactement dans le même état où nous les avions laissés, et que les scellés par nous apposés, au nombre de..., sont sains et entiers ; les avons levés comme tels, sans description ni inventaire ;

Avons déchargé le gardien de la garde desdits scellés et des effets laissés en évidence ; avons également déchargé notre greffier des clefs à lui remises et qu'il a rendues, et avons de ce que dessus dressé le présent procès-verbal, auquel il a été vaqué depuis trois heures jusqu'à cinq heures de relevée, et qui a été signé par les susnommés, par nous et par notre greffier, après lecture.

75. *Procès-verbal d'apposition de scellés d'office en cas de faillite.*
C. comm., art. 457 ; Tarif, art. 1, 16

L'an..., nous..., juge de paix, assisté de... ;

Informé que le sieur A..., banquier, a disparu, et qu'il a suspendu ses payements, nous nous sommes transporté dans son domicile, situé rue..., où étant, a comparu le sieur B..., son premier commis, auquel nous avons fait part de l'objet de notre transport ; ledit sieur B... a répondu qu'en effet le sieur A... était parti sans laisser aucun mandat pour le représenter, mais qu'on espérait qu'il pourrait faire face à sa situation ; qu'au surplus il s'en remet à ce que nous trouverons utile de faire.

Nous, juge de paix, avons donné acte au comparant de ses observations, et vu que la déconfiture dudit sieur A... est notoire, avons apposé les scellés sur ses bureaux, comptoir, caisse, portefeuille, livres, papiers, meubles et effets, comme suit:

1° Dans une pièce au rez-de-chaussée, servant de bureau, et prenant jour..., nous avons décrit et laissé en évidence... (*Désigner sommairement les objets.*)

Dans le même bureau nous avons trouvé cinq livres de commerce:

1° Le livre-journal, commencé à la date du... Il contient... feuilles, est régulièrement visé et paraphé par M. le président du tribunal de commerce, et tenu par ordre de dates, sans blancs ni ratures. Les écritures s'arrêtent à la cent cinquième page, au bas de laquelle nous avons écrit de notre main ces mots: *Vu et arrêté par nous..., juge de paix du canton de..., procédant à l'apposition des scellés, cejourd'hui...;*

2° Le livre de copie de lettres..., etc.;

3° Le livre..., etc.

Tous lesquels livres nous avons fait déposer dans une armoire se trouvant dans ledit bureau, et dont la clef a été remise à notre greffier. (*Constater ensuite l'état de la caisse, mettre la correspondance en liasse et sous clef, continuer le procès-verbal comme dans les cas ordinaires.*)

Il a été vaqué depuis... heures du matin jusqu'à... heures du soir, etc.

76. *Procès-verbal d'apposition sur la demande d'un créancier.*
C. comm., art. 457; Tarif, art. 1, 16.

L'an..., devant nous...,

A comparu M. X..., demeurant à..., commis de la maison de banque Ch... et C°, sise en la même ville de..., lequel fait élection de domicile dans cette ville chez..., qui a exposé que le sieur A..., négociant, demeurant en cette ville, rue..., doit à la maison qu'il représente une somme de trente mille francs, par compte courant; qu'aujourd'hui même des effets de commerce pour une somme de six mille cinq cents francs, dont la maison Ch... et C° était porteur, ont été protestés suivant exploits que ledit sieur X... nous a représentés; que ledit A... a disparu, et qu'il a même détourné une partie des marchandises qui se trouvaient dans ses magasins, privant ainsi ses créanciers du seul gage sur lequel ils comptaient. En conséquence, le comparant, en vertu d'une procuration à lui délivrée en brevet, reçue par M° G..., notaire, enregistrée et légalisée en date du..., qu'il a représentée et de suite retirée comme contenant d'autres pouvoirs, demande qu'il nous plaise, vu l'article 657, § 2, du Code de commerce, nous transporter au plus tôt dans le domicile dudit sieur A..., pour apposer les scellés sur ses magasins, comptoirs, caisses, portefeuille, livres, papiers, meubles et effets, et il a signé.

Nous, juge de paix, déférant aux réquisitions ci-dessus, nous sommes aussitôt transporté en la demeure dudit sieur A..., rue..., où étant, a comparu ledit sieur X..., qui a dit persister dans les réquisitions ci-dessus.

A également comparu la dame Caroline P..., épouse du sieur A..., qui a dit qu'en effet son mari éprouve quelque embarras par suite de la crise financière; qu'il s'est absenté sans laisser de procuration, mais qu'il sera bientôt de retour; protestant, ladite dame, contre les réquisitions du sieur X... et l'apposition des scellés.

Nous, juge de paix, vu les réquisitions ci-dessus, vu les protestations de la dame A..., dont nous lui donnons acte; vu l'article 457 du Code de commerce;

considérant que la déconfiture dudit sieur A... est notoire, et qu'il y a nécessité de pourvoir à la conservation des intérêts de la masse des créanciers, avons procédé à l'apposition des scellés ainsi qu'il suit :

1° Dans le magasin... (*Suite comme en la formule précédente.*)

77. *Apposition des scellés après le jugement déclaratif de la faillite.* C. comm., art. 457, 458 ; Tarif, art. 1, 16.

L'an..., nous, juge de paix..., assisté de..., greffier ;

Vu l'avis à nous transmis par M. Charles H..., greffier du tribunal de commerce de..., contenant le dispositif du jugement du même tribunal qui déclare le sieur A... en état de faillite, nous nous sommes transporté en la demeure dudit sieur P..., et étant entré dans un magasin ouvrant sur la rue de..., nous y avons trouvé le sieur B..., commis dudit sieur A..., auquel nous avons fait connaître le sujet de notre transport ; il nous a dit que le sieur A... est absent ; qu'à sa connaissance, il n'a pas laissé de procuration, et a signé.

A également comparu le sieur Paul G..., agissant comme syndic provisoire de la faillite, qui a requis l'apposition desdits scellés dans l'intérêt des créanciers, et il a signé.

Nous, juge de paix, avons donné acte aux comparants de leurs comparution, consentement et réserves. (*Suite comme aux formules précédentes, si ce n'est que les scellés ne doivent pas être apposés sur les objets mentionnés en l'article 469, C. comm., lorsque, sur la demande des syndics, le juge-commissaire aura autorisé à les laisser en dehors de l'apposition. Le juge de paix fera, en pareil cas, état de l'ordonnance du juge-commissaire. Les objets ainsi dispensés de l'apposition seront de suite inventoriés, avec prisée par les syndics ; voir la formule qui suit.*)

78. *Procès-verbal relatif à l'extraction de certains objets mis sous les scellés.* C. comm., art. 471 ; Tarif, art. 1, 16.

L'an..., nous..., assisté...;

En vertu de l'autorisation donnée par M. le juge-commissaire de la faillite du sieur A..., nous nous sommes transporté au lieu du scellé, au domicile du failli, rue..., à la réquisition des sieurs..., syndics de ladite faillite, où étant, ont comparu lesdits syndics qui nous ont invité à procéder à la reconnaissance et levée des scellés apposés... (*désigner la pièce où sont les objets à extraire*) pour extraire... (*désigner les objets*), et ils ont signé.

Ont également comparu le sieur..., gardien des scellés, qui a offert de représenter le tout sain et entier, et le sieur Charles N..., expert priseur, choisi par les syndics pour la prisée des objets à extraire.

Nous, juge de paix, avons donné acte des comparutions et réquisitions ci-dessus, nous avons reconnu sain et entier le scellé par nous apposé sur l'armoire du bureau, sis au rez-de-chaussée..., l'avons levé ; notre greffier a ouvert les portes avec les clefs remises en ses mains. MM. les syndics ont extrait des scellés les objets compris dans l'autorisation accordée par M. le juge-commissaire de la faillite, savoir :

1° Le livre-journal, commencé à la date du... (*description comme en la formule 75 ci-dessus*) ;

2º Le livre de copies de lettres, etc.;

6º Sept effets en portefeuille (*effets à courte échéance ou susceptibles d'accep-tation ; ils doivent être décrits dans le procès-verbal du juge de paix ; — un bor-dereau en est remis au juge-commissaire*) ;

7º Des vêtements, hardes, meubles et effets nécessaires au failli et à sa fa-mille, consistant en...;

8º Des objets sujets à dépérissement prochain, et autres servant à l'exploita-tion du commerce du failli, tels qu'ils sont désignés dans le procès-verbal de M. le juge-commissaire de la faillite, desquels objets lesdits syndics ont dressé inventaire sous la prisée du sieur Charles N..., expert priseur, nommé à ces fins, lequel a préalablement prêté en nos mains le serment requis ; le tout a eu lieu en notre présence.

MM. les syndics ayant terminé leurs opérations, dont ils ont dressé pro-cès-verbal que nous avons signé, nous avons fait refermer les portes et avons, en leur présence, replacé nos scellés. Notre greffier a repris les susdites clefs. Nous avons de nouveau confié la garde de nos scellés audit sieur.... et avons dressé le présent procès-verbal, qui a été signé par lesdits sieurs..., syndics, par l'expert priseur, par le gardien des scellés, par nous et notre greffier, après lec-ture faite, ayant vaqué depuis... jusqu'à...

79. *Procès-verbal de levée des scellés sur la réquisition des syndics.* C. comm., art. 479, 480; Tarif, 1, 16.

L'an..., devant nous..., etc.,

Ont comparu le sieur H..., demeurant à..., rue..., et le sieur N..., de-meurant à..., rue..., syndics de la faillite du sieur A..., suivant un juge-ment du tribunal de commerce de cette ville, en date du..., dont l'expédition nous a été représentée, lesquels nous ont exposé que nous avons apposé d'of-fice les scellés sur les magasins, comptoirs, caisse, portefeuille, livres, papiers, meubles et effets dudit sieur A..., failli, suivant notre procès-verbal en date du..., enregistré ; que, désirant faire opérer la levée desdits scellés, ils deman-dent qu'il nous plaise leur désigner les jour et heure de cette levée, à laquelle ils sommeront le failli de se trouver, et qui sera faite en notre présence ; et ont les comparants signé. (*Signatures.*)

Nous, juge de paix, disons qu'il sera par nous procédé à la reconnaissance et levée desdits scellés, demain mardi, sept du courant, à neuf heures du matin, en présence des parties intéressées, ou elles dûment appelées, et suivant les formes légales, et avons signé avec notre greffier.

Ledit jour..., à neuf heures du matin, nous, juge de paix, assisté de notre greffier, nous sommes transporté dans la demeure dudit sieur A..., où étant, ont comparu les susdits syndics qui ont persisté dans leurs réquisitions, et ils ont signé.

Ledit sieur A..., quoique sommé par exploit d'hier, du ministère de..., n'a pas comparu (*ou bien* a également comparu ledit sieur A..., qui a dit n'enten-dre s'opposer à ce qu'il soit procédé, sauf toutes réserves légales, et il a signé).

Le sieur..., gardien de nos scellés, a offert de représenter le tout sain et entier, et il a signé.

Nous, juge de paix, avons donné acte aux parties de leurs comparutions, dires et consentements, et avons reçu le sieur..., expert priseur, commis par les syndics pour procéder à la prisée des meubles, marchandises et autres objets, couverts par nos scellés, après quoi nous avons procédé comme suit :

1º Dans le magasin au rez-de-chaussée, donnant sur..., nous avons reconnu sain et entier un premier scellé par nous placé sur un comptoir : ce meuble ayant été ouvert avec la clef que notre greffier nous a rendue, les susdits syndics ont décrit et inventorié, en notre présence, les objets y renfermés, sous la prisée du susdit expert.

2º...

(Suite comme en cas de levée ordinaire des scellés ; la mention de l'inventaire est faite pour tous les articles comme pour le premier ; pour les livres, effets de commerce et titres, voir la formule 75.)

§ 3. Actes de notoriété et certificats de propriété.

80. *Acte de notoriété pour suppléer un acte de naissance.*
C. Nap., art. 70 et 71; Tarif, art. 5 et 46.

L'an mil huit cent..., le premier janvier, par-devant nous, juge de paix du canton de..., assisté du sieur..., notre greffier ;

Ont comparu les sieurs... (*noms, prénoms et domiciles des sept témoins*) ;

Lesquels nous ont déclaré que le sieur Pierre... est fils légitime de Paul... et de Françoise...; qu'il est né à *tel* endroit, à *telle* époque ; qu'ils l'ont vu constamment être l'objet des soins les plus empressés de la part desdits sieur et dame Paul..., et Françoise..., dont il a constamment été considéré et publiquement reconnu comme l'enfant légitime; que s'il ne produit point l'acte constatant son état civil, c'est par *telle* circonstance. (*Indiquer les motifs qui empêchent de rapporter l'acte.*)

De tout quoi nous avons dressé le présent acte de notoriété, pour tenir lieu audit sieur Pierre... de son acte de naissance, conformément à l'article 70 du Code Napoléon, après homologation dans la forme légale.

Et ont, les témoins susnommés, persisté dans leurs déclarations, qu'ils ont signées avec nous et notre greffier, après que lecture en a été faite. (*Signatures.*)

81. *Acte de notoriété pour suppléer aux actes de décès des père et mère et autres ascendants d'un futur époux majeur.* Avis du Conseil d'Etat, 24 mess. an XIII; Tarif, art. 5 et 13.

L'an..., le...,

Par-devant nous, juge de paix...,

A comparu le sieur Pierre...,

Lequel, après avoir prêté serment en la forme ordinaire, nous a déclaré qu'il ignore le lieu du décès, ou du dernier domicile du sieur..., son père; qu'il requiert que nous entendions le témoignage des sieurs... (*quatre témoins*), à l'appui du fait par lui allégué, et que du tout nous lui accordions acte pour suppléer à l'acte de décès dudit sieur..., son père, conformément à l'avis du Conseil d'Etat du 27 messidor an XIII.

A quoi obtempérant, nous avons reçu le serment et l'affirmation desdits sieurs..., sur l'exactitude du fait déclaré par ledit sieur Pierre, et avons rédigé le présent procès-verbal, qui a été signé par ledit sieur Pierre, par les sieurs..., par nous, et par notre greffier. (*Signatures.*)

82. *Acte de notoriété pour suppléer un acte respectueux.*
C. Nap., art. 155; Tarif, art. 5 et 16.

L'an..., le...,

Par-devant nous, juge de paix du canton de...,

Ont comparu : 1º le sieur..., 2º le sieur..., 3º le sieur..., 4º le sieur...;

Lesquels nous ont déclaré et affirmé que le sieur Pierre, père du sieur Paul, est absent de son domicile depuis *tant* d'années, sans qu'on sache le lieu de sa résidence actuelle.

Pourquoi le sieur Paul est dans l'impossibilité de lui demander, par acte respectueux, son consentement au mariage qu'il se propose de contracter avec demoiselle...

Pourquoi aussi, et pour lever cette difficulté, il a, en conformité de l'article 155 du Code Napoléon, provoqué le présent procès-verbal, que lesdits comparants ont signé avec nous et notre greffier. (*Signatures.*)

83. *Certificat de propriété en cas de transfert de rentes sur l'État.*
L. 28 flor. an VII, art. 6.

Nous..., juge de paix du canton de..., arrondissement de..., département de..., certifions, conformément à la loi du 28 floréal an VII, art. 6, et sur l'attestation des sieurs... (*prénoms, noms, qualités et demeure de deux citoyens*), que le sieur Charles Ritier, rentier, demeurant à..., est décédé *intestat* dans cette ville, le...; qu'après son décès il n'a pas été fait d'inventaire, et que Louis et Eugène Ritier, majeurs, propriétaires, demeurant à..., ses deux seuls enfants et ses seuls héritiers naturels, sont seuls propriétaires de la rente inscrite au livre de la dette publique, sous le nom dudit feu Charles Ritier, série, nº...; que le sieur Louis et la demoiselle Eugénie Ritier ont droit chacun pour une moitié à la propriété de ladite rente.

Et ont, lesdits témoins, signé avec nous le présent acte, qui a été fait à..., le... 18... (*Signatures.*)

Nota. Ce modèle servira également pour le retrait des fonds versés dans les caisses d'épargne ou de retraite pour la vieillesse. L. 7 et 28 mai 1853, art. 8.

84. *Certificat de propriété pour opérer le retrait d'un cautionnement.*
Décr. 18 sept. 1806, art. 2.

Nous..., juge de paix du canton de..., arrondissement de..., département de..., certifions, conformément au décret impérial du 18 septembre 1806, et sur l'attestation de... (*noms, prénoms, qualités et résidence des deux témoins*), que le sieur (*noms, prénoms et qualités du titulaire*) est décédé à..., le..., *ab intestat* ; qu'après son décès il n'a été fait d'inventaire, et que dame..., sa veuve, demeurant à..., *ou que tels ou tels...* (*noms, prénoms, qualité et résidence*) son seul héritier *ou* ses seuls héritiers, est propriétaire *ou* sont propriétaires du capital et des intérêts du cautionnement que ledit sieur... a fourni en sadite qualité, et qu'il a *ou* qu'ils ont droit de recevoir le remboursement.

(*Le certificat énoncera la portion afférente à chacun des ayants droit ; et, s'il y a des mineurs, les noms des tuteurs qui ont droit de toucher pour eux.*)

Fait à..., le...

(*Sceau.*)   (*Signatures.*)

§ 4. Actes divers.

85. *Testament reçu par le juge de paix.*

L'an..., le...,

Devant nous, juge de paix du canton de..., assisté de notre greffier,

A comparu le sieur..., qui a dit que, vu la maladie contagieuse qui règne dans la présente ville de..., et les communications interceptées, il nous prie de recevoir ses dispositions testamentaires, conformément à la loi, en présence des sieurs... (*Noms, prénoms, professions et demeures des deux témoins.*)

Nous, juge de paix, déférant à cette réquisition, et attendu que les communications sont officiellement interrompues, avons reçu et littéralement dicté à..., notre greffier, qui les a écrites, les dispositions testamentaires dudit sieur..., telles qu'il les a lui-même prononcées, et au fur et à mesure qu'il les a exprimées, sain d'esprit et de corps (*ou malade de corps, mais sain d'esprit*), ainsi qu'il suit :

Je donne et lègue... (*Transcrire les dernières dispositions du testateur.*)

Le présent testament a été fait, depuis le commencement jusqu'à la fin, en présence des deux témoins susdénommés ; et il en a été fait lecture en entier au testateur et aux témoins, en présence les uns des autres ; ledit testateur a déclaré, toujours en présence desdits témoins, que ledit testament est en tout point conforme à sa volonté, et qu'il y persiste ; et il a signé avec lesdits témoins, nous et notre greffier. (*Signatures.*)

Ou Et le testateur a déclaré ne savoir écrire ni signer, de ce par nous interpellé en présence desdits témoins ; et ont les témoins signé avec nous et notre greffier, après lecture de tout ce que ci-dessus. (*Signatures.*)

86. *Requête, ordonnance et procès-verbal relatifs à la constatation d'un vice rédhibitoire, par un seul acte.*

L'an... et le..., devant nous, juge de paix du canton de..., assisté de..., notre greffier,

A comparu le sieur Pierre Chaly, fermier, demeurant à..., lequel nous a exposé que, le samedi 26 avril courant, il a acheté au marché de..., du sieur Jean Bastard, marchand de chevaux, y domicilié, une jument, au prix de six cents francs ; que le comparant a reconnu que ladite jument est affectée de boiterie intermittente pour cause de vieux mal, maladie qui constitue un vice rédhibitoire; en conséquence, il nous prie de nommer un ou trois experts pour visiter, en notre présence, ledit animal et en constater l'état, et il a signé. (*Signature.*)

Nous, juge de paix, nommons d'office, pour procéder aux fins requises, le sieur Saillour, demeurant à..., rue..., lequel s'est transporté avec nous et notre greffier à la ferme du sieur Chaly, où étant, après avoir reçu le serment préalable de l'expert, ledit sieur Chaly a représenté une jument sous poil brun, tondue de la moitié supérieure du corps, avec cicatrices sur les deux épaules, âgée de six ans, taille de un mètre quatre-vingts centimètres. Ledit vétérinaire a fait atteler ladite jument, et l'a soumise à un exercice; et nous a rapporté que..., cependant, elle se trouve exempte de maladies aiguës; desquelles circonstances ledit vétérinaire a conclu que ladite bête était atteinte de boiterie intermittente pour cause de vieux mal, vice rédhibitoire signalé dans l'article 1er de la susdite loi du 20 mai 1838.

Cette constatation ainsi terminée, nous avons accordé taxe audit expert, sur sa demande, d'une somme de 5 francs; avons autorisé le sieur... à garder la susdite jument en fourrière pendant le litige et avons dressé le présent procès-verbal, qui a été signé par le sieur Chaly et par le vétérinaire, par nous et par le greffier, après lecture faite. (*Signatures.*)

87. *Déclaration et affirmation d'un tiers saisi.* C. proc., art. 570 et suiv. — Droit d'expédition pour le greffier.

L'an..., devant nous..., a comparu le sieur Jacques Faure, agriculteur, domicilié à..., lequel a dit qu'il a été fait, entre ses mains, une saisie-arrêt, par exploit de..., pour une somme de..., et qu'il a été cité depuis en déclaration, par autre exploit du..., desquels exploits il a représenté les copies; requérant qu'il nous plaise recevoir sa déclaration et affirmation, et il a signé.

Il nous a déclaré ensuite, qu'en vertu de la procuration du sieur..., passée devant Me..., etc., il a touché de divers... la somme de... Mais que, par suite des payements faits audit sieur..., en date des... (*les énoncer*), il ne reste plus son débiteur que de la somme de..., qu'il est prêt et offre de payer à qui par justice sera ordonné, sous la réserve de retenir par ses mains les frais de la présente déclaration et ses suites, dont il sera en tout cas payé par privilége; (*si des oppositions existent dans ses mains, il ajoute*) : il déclare en outre qu'à la requête du sieur..., il a déjà été formé une saisie-arrêt pour sûreté d'une somme de..., par exploit du ministère de..., en date du... A l'appui de la présente déclaration, qu'il affirme sincère et véritable, le comparant a produit la procuration, les quittances et l'exploit de saisie-arrêt du sieur..., dont il est parlé ci-dessus; et a, ledit sieur Faure, signé avec nous et notre greffier. (*Signatures.*)

88. *Procès-verbal d'établissement du gérant.*

L'an...,

Devant nous..., assisté de...,

A comparu le sieur Pierre Lamarre, propriétaire, domicilié à..., lequel a exposé qu'en vertu du jugement en date du... il a fait pratiquer une saisie-exécution contre le sieur Jacques Harec, agriculteur, fermier du domaine de la Rive, situé commune de..., y domicilié; que l'exploitation dudit domaine est fort importante; que des difficultés se sont élevées sur la saisie; qu'il est à craindre qu'on ne puisse de longtemps procéder à la vente, et qu'il importe pour les créanciers et le saisi lui-même qu'un gérant soit établi pour l'exploitation; qu'en conséquence il a, par exploit de..., fait citer devant nous le sieur Jacques Harec pour voir nommer un gérant.

A également comparu ledit sieur Jacques Harec, fermier, lequel a dit que, quoique malade depuis longtemps, il pouvait cependant faire faire les labours de ses fermes.

Sur quoi, nous, juge de paix, vu le procès-verbal de saisie, et procédant en vertu de l'article 594 du Code de procédure civile;

Nommons à l'exploitation du domaine de la Rive le sieur Pierre Ducis, agriculteur, domicilié en ladite commune, et ce, jusqu'au jour de la vente ou de la levée des oppositions ou saisies, avec toutes les attributions attachées à cette qualité, et moyennant un salaire de 5 francs par jour, laquelle fonction ledit sieur Pierre Ducis, ici présent, a déclaré accepter, et il a prêté en nos mains le serment de la bien remplir.

Et ont les sieurs Lamarre, Harec et Ducis signé avec nous et notre greffier, après lecture faite. (*Signatures.*)

89. *Constatation de l'état des marchandises et ordonnance de vente.*

L'an..., nous..., assisté..., en vertu de l'ordonnance ci-dessus, nous sommes transporté à..., où étant, a comparu ledit sieur Hugues, qui a persisté dans ses réquisitions; a également comparu le sieur Hardy, expert, qui a offert de procéder, et a prêté le serment requis; a également comparu ledit sieur Lucas, qui a dit qu'il n'a pas fait la demande de ladite marchandise, et a persisté à la refuser.

En conséquence, nous avons vérifié les susdites huit balles, et avons reconnu, conjointement avec l'expert, qu'elles sont en bon état et complétement exemptes d'avaries; nous avons ordonné qu'elles seraient déposées chez..., où elles ont été immédiatement transportées, pour y rester aux risques de qui il appartiendra. Desquels dépôt et séquestre celui-ci s'est chargé pour les représenter en temps et lieu; attendu que le voiturier ne peut ni ne doit attendre l'issue de la contestation, pour recevoir le montant de sa voiture, nous avons fait ouvrir une balle, de laquelle il a été extrait... (*désigner les objets*); nous avons fait recoudre et ficeler ladite balle, et avons ordonné que lesdites marchandises extraites seront vendues par M. le commissaire-priseur; que le prix servira à payer : 1o le montant de la voiture; 2o les frais de transport desdites balles au lieu du dépôt; 3o les frais faits et à faire, et que le surplus, s'il y en a, sera remis entre les mains du dépositaire des effets, qui représentera le tout à qui de droit.

Et avons signé avec les susdites parties, l'expert et le greffier, après lecture faite. (*Signatures.*)

90. *Prestation de serment des préposés et employés,*
devant le juge de paix.

Lé..., l'an..., a comparu devant nous..., juge de paix du canton de..., département de..., le sieur... (*prénoms, nom et domicile du comparant*), nommé à... (*énoncer la place ou commission à laquelle il est nommé, et le titre en vertu duquel il la remplit*), lequel a prêté devant nous le serment de bien et fidèlement remplir les fonctions attachées à la place (*ou* commission) susénoncée, et a signé avec nous et notre greffier.

(*Le greffier certifie, sur la commission même de l'employé, la prestation de serment en ces termes*) :

Il résulte d'un procès-verbal en date du..., dressé par M. le juge de paix du canton de..., que M... a prêté le serment exigé par la loi : ledit procès-verbal enregistré le...

Certifié véritable par le greffier soussigné, ce... 18... (*Signature, et à côté le sceau de la justice de paix.*)

91. *Procès-verbal d'enquête de* commodo et incommodo.

Nous, juge de paix du canton de..., assisté de notre greffier (*ou* maire, *ou* adjoint de la commune de..., arrondissement de..., département de...*), ayant reçu de M. le sous-préfet de... les pièces de la demande du sieur (*ou* des sieurs...), afin d'obtenir l'autorisation de construire (*ou* établir) un (*ou* une..., *désigner la nature de l'établissement*) dans le lieu appelé..., nous avons affiché, comme est prescrit, la pétition du sieur (*ou* des sieurs)..., avec l'invitation aux intéressés d'avoir à présenter leurs observations dans les délais indiqués ; et aussitôt nous avons ouvert le présent procès-verbal d'enquête de *commodo et incommodo,* pour y consigner toutes les observations et réclamations qui nous seraient faites sur le projet contenu en ladite pétition, et, en outre, nos propres observations.

Et le susdit jour s'est présenté :

1° Le sieur... (*nom, prénoms, âge et profession du premier comparant*), lequel, après avoir pris connaissance des pièces déposées sur le bureau, a déclaré (*écrire la déclaration favorable ou défavorable au projet et les motifs donnés par le comparant*) ;

2°...; 3°... (*Nom, prénoms, profession, âge et domicile de chaque comparant, sa déclaration, ses motifs.*)

Et vu que quatre heures ont sonné, qu'il ne se présente plus de déclarants, nous, commissaire chargé de l'enquête, avons clos la séance, renvoyé la suite de l'enquête à demain, neuf heures du matin, et signé avec le greffier.

Cejourd'hui..., à dix heures du matin, nous, commissaire chargé de l'enquête, assisté de notre greffier, par suite du renvoi fait à la précédente séance, avons repris la continuation de nos opérations ; et après avoir attendu jusqu'à quatre heures du soir, sans qu'aucun déclarant se soit présenté, nous avons, après ladite heure, clos et arrêté la présente enquête.

Mais, avant de terminer notre procès-verbal, nous avons exprimé notre avis particulier dans les termes suivants :... (*Avis du juge de paix et motifs.*)

Et avons ainsi dressé et arrêté le présent procès-verbal, que nous avons signé avec notre greffier. (*Signatures.*)

92. *Acte de dépôt au greffe.*

Cejourd'hui..., devant nous..., greffier...,

S'est présenté au greffe (*nom du déposant*) ;

Lequel a déposé en nos mains... (*désigner l'acte, énoncer sur combien de feuilles il est écrit, faire mention des renvois, des mots rayés, et rapporter l'enregistrement tout au long*) ;

Duquel dépôt nous avons rédigé le présent acte, qui a été signé par le sieur... et par nous, après lecture faite. (*Signatures.*)

93. *Affirmation de la partie qui demande des frais de voyage.*

Aujourd'hui, etc.,

Devant nous, Yves D..., greffier de la justice de paix du canton de..., au greffe... a comparu

M. Bernard F..., chirurgien, demeurant à...;

Lequel a affirmé, sous serment par lui prêté en nos mains, que le voyage par lui fait, de sa demeure à... (*siége de la justice de paix*), le..., pour soutenir l'instance entre lui et le sieur..., terminée par jugement du..., n'avait pas d'autre but que ledit procès; qu'il a même été forcé à venir en personne, par jugement de M. le juge de paix, en date du..., enregistré, qui a ordonné sa comparution. Il a déclaré, en conséquence, requérir la taxe fixée par les réglements, et a signé avec nous, après lecture, à..., les jour, mois et an susdits.

94. *Procès-verbal d'ouverture de caisses ou colis.*

L'an..., nous...;

En vertu de notre ordonnance du..., enregistrée, nous nous sommes transporté dans l'établissement du sieur Hue, directeur en cette ville des Messageries générales, dont le siége est à Paris, rue Saint-Honoré, no...; où nous avons trouvé ledit sieur Hue et M..., receveur de l'enregistrement au bureau de cette ville, qui ont requis tous deux l'ouverture et l'inventaire de ladite caisse. En même temps, le sieur Hue, directeur, nous a présenté les feuilles et registres sur lesquels sont inscrits... (*Mentionner chaque article relatif à chaque colis, et aussi la représentation des colis avec leurs adresses; constater que les colis sont entiers et intacts.*) Et, attendu qu'ils n'ont pas été réclamés dans le délai de six mois, à compter du jour de l'arrivée à leur destination, nous en avons fait faire l'ouverture en présence des susnommés, et en avons extrait les objets suivants, que nous avons inventoriés comme suit :

(*Décrire le contenu de chaque caisse, 1º...; 2º....; 3º..., en mentionnant l'adresse.*)

L'inventaire étant terminé, nous avons laissé les caisses et lesdits effets au sieur Hue, qui s'en est chargé comme dépositaire de justice, jusqu'au moment où il sera procédé à la vente à la diligence de M. le receveur de l'enregistrement.

Et avons du tout dressé procès-verbal, qui a été signé par le sieur Hue, par le receveur, par nous et le greffier, après lecture faite.

95. *Décision d'un jury de révision de la garde nationale.*

Jury de révision du canton de...
Audience du...

Devant le jury de révision, composé de M. le juge de paix, président, et de MM... (*noms des jurés, au nombre de six au moins*), et assisté du sieur..., greffier de la justice de paix ;

A comparu le sieur... (*nom, profession, domicile*), suivant citation à lui donnée..., à fin de répondre... (*objet de la citation*).

Le jury, après avoir entendu le sieur... en ses explications, et après en avoir délibéré ;

Considérant... ;

Dit et déclare, à la majorité de... voix contre..., que les formes prescrites par l'article..., pour l'élection dudit officier n'ont pas été observées ; en conséquence, casse ladite élection ; dit qu'elle sera comme nulle et non avenue.

Et ont signé le président et les membres du jury avec le greffier, les jour, mois et an que devant. (*Signatures*.)

96. *Déclaration devant le juge de paix après incendie.*

L'an...,

Devant nous, juge de paix du canton de..., assisté de..., notre greffier, a comparu le sieur Charles Renier, propriétaire, demeurant à..., lequel nous a dit avoir assuré sa maison, située à..., rue..., n°..., à la Compagnie Générale, ainsi qu'il appert de la police d'assurance en date du..., qui a été enregistrée à..., le... (*transcrire en entier la mention de l'enregistrement*) ;

Que dans la journée d'hier, vers les neuf heures du matin, le feu a pris à ladite maison, sans qu'on ait pu en connaître la cause et les auteurs ; que, malgré les secours les plus prompts et les plus actifs, une grande partie du bâtiment a brûlé, et que, dans cette circonstance, le comparant a éprouvé une perte qu'il évalue à 3,000 francs, savoir... (*Détailler les dommages étage par étage*.)

De laquelle déclaration le comparant a requis acte, à lui concédé, et il a signé avec nous et le greffier, après lecture faite.

97. *Déclaration et procès-verbal de vente.*

L'an mil huit cent..., le... du mois de..., a comparu, au bureau d'enregistrement de..., M..., greffier de la justice de paix du canton de..., demeurant à..., lequel a déclaré que... (*énoncer ici le temps où la vente commence*), il procédera... (*lieu de la vente*), sur la requête de... (*désigner ici la partie requérante*), à une vente d'objets mobiliers appartenant à... (*nommer ici le propriétaire de ces effets*), de laquelle déclaration il a requis acte et a signé sur le registre.

Pour copie conforme :
Le receveur de l'enregistrement,
Signé...

L'an mil huit cent..., le..., à... heures du matin... ;

A la requête du sieur C..., boulanger, demeurant à..., lequel nous a requis expressément, dans l'intérêt de la vente, d'accorder un terme de... aux personnes qui se rendraient adjudicataires, et dont les noms suivent (*indiquer les noms*) ;

Il a été, par nous... soussigné, assisté de... (*dénommer les deux témoins*), témoins à ce requis, procédé à la vente aux enchères des meubles appartenant audit sieur A..., et trouvés à... (*lieu de leur situation*), après avoir reconnu qu'il existait un nombre suffisant d'enchérisseurs et fait mettre à la porte de la maison un tapis et une affiche, le tout ainsi qu'il suit :

Il a été exposé et mis en vente :

1° Un lot de..., adjugé au sieur G..., demeurant à..., moyennant dix francs, ci. . . . . 10 fr.

2° ...., adjugés au sieur P..., demeurant à..., moyennant quatre francs, ci. . . . . 4 fr.

Etc., etc.

Il a été vaqué à tout ce que dessus jusqu'à... heures. Après quoi nous avons annoncé au public que la vente était finie pour aujourd'hui, et qu'elle serait continuée demain à... heures, et a le requérant signé avec nous et les témoins après lecture.

(*Les vacations du second jour et des jours suivants peuvent être constatées comme suit :*)

Et le..., à... heures du matin, en conséquence de la remise annoncée dans la clôture de la précédente vacation, nous nous sommes rendu avec les mêmes témoins à... (*lieu des objets à vendre*), où, après avoir reconnu la présence d'un nombre suffisant d'enchérisseurs et fait mettre à la porte de la maison un tapis et une affiche, il a été procédé à la continuation de la vente, ainsi qu'il suit :

Il a été exposé et mis en vente... (*Le reste comme plus haut.*)

Il a été vaqué à tout ce que dessus jusqu'à... heures après midi ; tous les objets à vendre étant vendus, nous avons annoncé au public que l'opération était finie.

Le produit de la vente s'est élevé, savoir :

1° Pour la première vacation, à. 000

2° Pour la deuxième, à. 000

3° Pour la troisième, à. 000

Total. 000

De laquelle somme de..., sur laquelle il n'existe aucune opposition, nous sommes demeuré chargé pour en compter à qui il appartiendra.

Et a, ledit sieur A..., requérant, signé avec nous et les témoins, après lecture faite..., à..., les jour, mois et an susdits.

(*S'il a été fait une convention au sujet des honoraires, il faut la mentionner au procès-verbal.*) (*En cas de double enchère, on dit :*)

Un cheval... adjugé au sieur H..., demeurant à..., moyennant cent cinquante francs, ci. . . . . 150 fr.

Et attendu qu'il est arrivé qu'au moment où l'adjudication a été prononcée il s'est présenté un second enchérisseur, nous avons repris les enchères entre eux seulement, et avons adjugé définitivement ledit cheval au sieur G..., demeurant à..., moyennant deux cents francs.

En conséquence, l'excédant sur le prix de l'adjudication primitivement prononcée sous le n° 3 du procès-verbal, est de cinquante francs, ci. . . . 50 fr.

(*Lorsqu'il y a lieu à folle enchère, on dit :*)

Et aussitôt l'adjudication prononcée, le commissaire a réclamé du sieur C..., acquéreur, le prix de l'objet à lui adjugé, et sur son refus de payer, il lui a déclaré que l'objet allait être revendu à la folle enchère.

En conséquence, l'objet ayant été de nouveau crié, a été adjugé au sieur L..., demeurant à..., pour la somme de soixante francs, ci. . . . . 60 fr.

C'est pourquoi il y a perte de vingt francs, déficit que ledit sieur C... a été sommé de payer entre nos mains; ce qu'il a refusé de faire; à raison de quoi il est fait pour le sieur A..., requérant la vente, toutes réserves de droit.

(Dans le cas où une opposition est faite pendant le procès-verbal, on ajoute :)

Et en ce moment il a été signifié au commissaire soussigné par exploit de M..., huissier à..., en date du..., enregistré, une opposition à la remise des deniers de la présente vente pour sûreté d'une créance de quatre cents francs appartenant au sieur Isidore G..., rentier, demeurant à..., de laquelle opposition le commissaire soussigné a visé l'original et a ensuite annexé la copie aux présentes. (*Le reste comme dessus.*)

(Quand il y a lieu à consignation, on dit :)

Et le... mil huit cent..., aucune mainlevée n'ayant été rapportée de l'opposition mise, ainsi qu'il a été énoncé plus haut, entre nos mains; et le délai prescrit pour une distribution à l'amiable entre les parties étant expiré, le soussigné a dressé comme suit l'état de ses frais et prélèvements sur les deniers provenant de la vente qui précède.

1° Pour frais d'apposition et de levée de scellés, 00, c...   00

2° Pour, etc.

Total..........   00

Et en a requis taxe de **M.** le président du tribunal, lequel les a réglés comme suit. (*Taxe du président.*)

Les frais et prélèvements étant fixés à... et le montant de la vente ayant été de..., reste pour le reliquat la somme de... En conséquence, nous nous sommes rendu au bureau de M..., receveur particulier des finances pour cet arrondissement, préposé de la Caisse des consignations, et avons déposé entre ses mains ladite somme..., dont il nous a été donné récépissé.

Fait à..., les jour, mois et an que dessus.

(S'il y a lieu au contraire à rendre compte aux parties :)

Et le... mil huit cent..., à la requête du sieur A..., qualifié et dénommé dans l'intitulé du procès-verbal de vente qui précède, nous, greffier à..., soussigné. avons procédé à la reddition du compte des deniers provenant de ladite vente, ainsi qu'il suit :

La vente a produit la somme de. 000

Sur cette somme il a été prélevé :

1° Celle de... pour..., ci. 000

2° Celle de..., pour..., ci. 00

Total des prélèvements. . . . 000   00

Reste pour le reliquat la somme de. 00

Et le requérant, après avoir examiné ce compte, déclare l'approuver dans tout son entier, tant en recettes qu'en dépenses, et fixer le reliquat à la somme de..., que nous lui avons remis, ainsi qu'il le reconnaît et dont il quitte et décharge, ainsi que de toutes choses relatives à cette vente.

Fait à..., les jour, mois et an susdits; ont les parties signé avec nous, après lecture.

98. *Traité d'une charge de greffier.*

Entre **M.** Pierre, etc..., d'une part, et **M.** Jacques, etc..., d'autre part, a été convenu ce qui suit :

Art. 1er. M. Pierre cède, transporte et abandonne sans aucune autre garantie que celle de droit, à M. Jacques, qui l'accepte, la charge de greffier qu'il exerce à..., ensemble la clientèle et tout ce qui est attaché audit office,

Pour, par ledit sieur Jacques, en jouir ou disposer comme de choses à lui appartenant, à compter du jour de sa nomination par Sa Majesté.

Art. 2. Le présent traité est fait moyennant la somme de..., prix principal, en ce, non compris la somme de..., montant du cautionnement déposé par M. Pierre, et qu'il se réserve expressément, ladite somme payable, savoir : le jour de la nomination de M. Jacques..., et le surplus en..., payements..., chacun échéant le..., et jusqu'au payement de ladite somme de..., elle produira intérêts à 5 pour 100 par an sans retenue, payables à partir du jour de ladite nomination. Ces intérêts décroîtront proportionnellement au fur et à mesure que les payements seront faits sur le capital.

Lesdits payements en capital et intérêts devront être faits au domicile de M. Pierre, en espèces d'or et d'argent ayant cours, et non autrement, M. Jacques renonçant dès à présent au bénéfice de toutes lois et arrêtés contraires.

Art. 3. M. Jacques aura la faculté d'anticiper les époques de payement du capital ci-dessus fixées, à la condition de prevenir M. Pierre deux mois à l'avance, mais sans pouvoir se libérer par payements moindres de...

Art. 4. M. Pierre se réserve expressément le privilége de vendeur sur le droit à la finance de ladite charge, et par conséquent sur le prix qu'en pourrait obtenir M. Jacques ou ses ayants droit, en cas de cession ultérieure avant l'entier acquittement du prix ci-dessus convenu.

Art. 5. Si M. Jacques vient à céder sa charge avant son entière libération, ce qu'il restera devoir sur le prix du présent traité deviendra exigible, nonobstant les délais ci-dessus, le jour de la nomination de son successeur. Ce dernier s'oblige en outre, à peine de tous dommages-intérêts, à ne rétrocéder ladite charge sous aucun prétexte, tant qu'il n'aura pas intégralement payé son prix, sans en prévenir M. Pierre, son vendeur, dans les quinze jours qui suivront le traité de ladite union.

Art. 6. Si M. Jacques venait à décéder avant sa libération, ce qui restera dû deviendra pareillement exigible au jour de son décès.

Art. 7. M. Jacques fera toutes les diligences, remplira toutes les formalités nécessaires pour obtenir sa nomination. A cet effet, M. Pierre s'engage à lui remettre sa démission en sa faveur, seulement le...

Les frais d'enregistrement attachés aux présentes seront à la charge de M. Jacques.

Art. 8. Les minutes des procès-verbaux de vente de l'exercice de M. Pierre et les décharges qui se trouveront ensuite, ainsi que tous répertoires et registres, seront par lui remis après récolement, sans frais, à M. Jacques, qui promet de l'en aider au besoin, mais sans déplacement. Cette remise sera faite aussitôt que M. Jacques aura obtenu sa nomination.

Art. 9. M. Jacques s'oblige et s'engage à obliger ses successeurs à délivrer aux parties intéressées qui en font la demande tous extraits ou expéditions des procès-verbaux de vente de l'exercice de M. Pierre, qui seraient réclamés par les parties, sans exiger d'autre indemnité que les simples déboursés du timbre.

Art. 10. Immédiatement après sa nomination, M. Jacques effectuera le versement de son cautionnement ; M. Pierre, de son côté, avisera au retrait du sien.

Aux présentes est intervenu M..., lequel, après avoir pris connaissance du présent traité, a déclaré se porter caution solidaire des payements stipulés dans les articles...

ART. 11. Dans le cas où M. Jacques viendrait à décéder avant sa nomination et dans le cas où l'agrément de Sa Majesté lui serait refusé, le présent traité sera nul et sans effet, sans aucune indemnité de part et d'autre, à moins que le refus ne soit fondé sur un fait personnel à M. Jacques et indépendamment de la volonté de M. Pierre. Comme M. Pierre n'entend transmettre sa charge qu'à M. Jacques, sa démission sera, en ce cas, retirée et considérée comme non avenue.

ART. 12. M. Pierre s'interdit expressément la faculté de traiter d'une autre charge donnant droit de faire des ventes mobilières dans le rayon de... Il aidera M. Jacques de ses conseils pendant trois mois, à partir de ce jour, et il promet d'honneur de faire tout ce qui dépendra de lui pour conserver à M. Jacques la clientèle attachée à l'office présentement vendu.

ART. 13. M. Pierre déclare et affirme sur l'honneur être entièrement libéré, à l'égard de son prédécesseur, du prix de la charge par lui présentement vendue.

ART. 14. Les soussignés déclarent et affirment sous la foi du serment le présent traité sincère et n'avoir aucune condition particulière pour augmenter le prix de ladite charge ou modifier les clauses du présent traité.

Fait... à..., le...,

En présence de : 1°...; 2°...

99. *Modèle de démission.*

Je soussigné..., greffier de la justice de paix du canton de..., demeurant à..., déclare, par ces présentes, donner ma démission de mesdites fonctions en faveur de M..., demeurant à..., que je présente à l'agrément de Sa Majesté comme mon successeur. J'entends néanmoins que la présente démission ne puisse profiter qu'à lui seul, la considérant comme nulle et non avenue dans le cas où il n'obtiendrait pas sa nomination. Ce...

DEUXIÈME PARTIE

MATIÈRES CONTENTIEUSES

SECTION PREMIÈRE. — Affaires judiciaires.

100. *Acte de déclaration des parties qui demandent jugement.*
Gratuit; Tarif, art. 11.

Le juge de paix du canton de..., en son audience tenue publiquement, à l'heure accoutumée, en l'audience ordinaire, le... du mois de..., an..., assisté du sieur..., greffier de la justice de paix, a rendu le jugement suivant (*cet intitulé n'est autre que celui de la feuille d'audience; il sert pour tous les jugements qui sont portés sur cette feuille*) :

Entre le sieur Jacques Hortis, demeurant à Castel-Sarrasin, demandeur, et le sieur Philippe Mauduit, demeurant également à Castel-Sarrasin, défendeur,

Lesquels se sont présentés volontairement et sans citation devant nous ce jour, et nous ont exposé qu'ils sont en contestation sur l'objet dont il sera parlé ci-après. Ils déclarent vouloir s'en rapporter à notre décision, bien que nous ne soyons leur juge ni à raison du domicile, ni à raison de la situation des lieux, ni à raison de la valeur de la demande, et nous autoriser même à prononcer sur leur différend en dernier ressort.

Nous, juge de paix, vu l'article 7 du Code de procédure civile, avons donné acte aux sieurs Hortis et Mauduit de leur comparution et de leur consentement, avons accepté la prorogation de juridiction qu'ils nous ont conférée, et avons signé la présente déclaration avec le sieur..., notre greffier (*ou bien et* avons signé la présente déclaration avec le sieur... notre greffier, après les avoir interpellés de signer eux-mêmes, ce qu'ils ont déclaré ne savoir faire, après lecture). (*Signature du juge de paix, du greffier et des parties*).

101. *Jugement sur prorogation de juridiction.*
(Sur la feuille d'audience.)

Et sur-le-champ, par le sieur Hortis, demandeur, a été dit... (*Exposé des faits, moyens et conclusions du demandeur.*)

Le sieur Mauduit, défendeur, a répondu que...

Nous, juge de paix, prononçant (en premier *ou* en dernier ressort), en vertu des pouvoirs qui nous ont été conférés par les parties :

Attendu que, etc. (*Motifs et dispositif comme aux jugements ordinaires.*)

Fait, et prononcé en audience publique, en présence des parties (*ou* en l'absence des parties), les jour, mois et an que dessus, et avons signé avec notre greffier. (*Signature du juge de paix et du greffier.*)

102. *Minute d'un jugement sur la feuille d'audience.*

Le juge de paix du canton de..., en son audience tenue publiquement à l'heure accoutumée, en l'auditoire ordinaire (si le jugement était rendu ailleurs, l'énoncer), le...du mois de..., an..., assisté de Me..., greffier de cette justice de paix, a rendu le jugement suivant :

Entre le sieur A..., demeurant à... (*ou* le sieur A..., demeurant à..., demandeur, représenté par son fondé de pouvoirs, le sieur M..., demeurant à..., suivant acte sous seing privé, en date du..., enregistré à..., le..., par..., registre... folio..., qui a reçu...) ;

Et le sieur B..., demeurant à..., défendeur.

Par exploit du ministère de Me..., huissier, en date du..., enregistré à..., le..., registre..., folio..., le sieur A... a fait citer le sieur B... à comparaître devant nous à l'audience de ce jour pour, attendu..., se voir condamner à...

Le sieur A... a pris et développé ses conclusions ;

Par le sieur B..., défendeur, a été dit que...

A quoi a été répondu par le sieur A... que...

Puis, le sieur B... a répliqué...

Nous, juge de paix... (*Motifs et dispositif du jugement.*)

Fait et prononcé en audience publique, en présence des parties (*ou* en l'absence des parties, *ou* en l'absence du demandeur et en présence du défendeur), les jour, mois et an que dessus, et avons signé avec notre greffier. (*Signature du juge et du greffier.*)

103. *Grosse d'un jugement du juge de paix, revêtue de la forme*
exécutoire.

NAPOLÉON, PAR LA GRACE DE DIEU ET LA VOLONTÉ NATIONALE, EMPEREUR DES FRANÇAIS.

Le juge de paix du canton de..., arrondissement de..., département de..., en son audience du..., a rendu le jugement dont la teneur suit :

Entre M..., demandeur, d'une part ;

Et M..., défendeur, d'autre part.

Par exploit du ministère de..., enregistré à..., dont il a présenté l'original,

M... a fait citer devant le juge de paix du canton de... le sieur.... à fin de...
Relater ici le libellé et les conclusions de l'exploit.)

Le sieur..., demandeur, a pris, à l'audience, les conclusions dudit exploit ; il a ajouté...

Le sieur..., défendeur, a répondu..., et a conclu...

La cause présente à juger les questions suivantes :

1° Y a-t-il lieu...

2° Doit-on accorder...

3° *Quid*, des dépens ?

Le juge de paix, considérant...

Par ces motifs, procédant en premier ressort, et prononçant en présence (*ou* en l'absence) des parties, condamne..., et aux dépens liquidés à la somme de vingt-cinq francs cinquante centimes, et, en outre, aux frais de l'expédition et signification du présent jugement.

Ainsi jugé en la justice de paix du canton de..., à..., au lieu ordinaire de ses séances, en audience publique, le..., en présence de M..., greffier,

La minute est signée... (*Noms du juge de paix et du greffier.*)

En marge est écrite la mention suivante : Enregistré à..., le..., folio..., cote..., reçu..., signé...

En conséquence, mandons et ordonnons à tous huissiers sur ce requis de mettre le présent jugement à exécution ; aux procureurs généraux et aux procureurs impériaux près les tribunaux de première instance d'y tenir la main ; à tous commandants et officiers de la force publique d'y prêter main-forte, lorsqu'ils en seront légalement requis.

En foi de quoi ledit jugement a été signé par le juge de paix et par le greffier.

Par expédition conforme. (*Signature du greffier.*)

104. *Modèle d'une expédition sans formule exécutoire.*

Extrait des minutes du greffe de la justice de paix du canton de..., département de...

(*Après avoir copié ou transcrit la minute, le greffier ajoute :*)
Certifié véritable par le soussigné, greffier de...

A..., le... du mois de..., an mil huit cent... (*Sceau.*) (*Signature.*)

105. *Jugement par défaut contre le défendeur.*

Entre le sieur A...., demeurant à..., demandeur (*suite comme en la feuille d'audience*).

Le sieur A... a pris et développé ses conclusions.

Le sieur B..., défendeur, a fait défaut.

Nous, attendu qu'à l'appel de la cause le sieur B... ne s'est pas présenté, ni personne pour lui ; qu'en conséquence il y a lieu de présumer qu'il n'a rien à dire pour sa défense ; et attendu que la demande, vérifiée, paraît fondée, donnons défaut et, pour le profit, condamnons ledit sieur... (*ou disons que...*); commettons le sieur..., huissier audiencier près le tribunal, pour signifier notre jugement.

Fait et prononcé en présence du demandeur, les jour, mois et an que dessus, et avons signé avec notre greffier. (*Signatures du juge et du greffier.*)

(*Il sera ajouté, s'il y a lieu :*)

Sur ce qui nous a été représenté par..., voisin dudit sieur B..., que celui-ci n'a pu être instruit de la citation, étant absent depuis un mois pour un voyage, et qu'il ne sera de retour que le 30 du présent, nous disons que ledit sieur B... sera recevable, jusqu'au 3 du mois prochain, à former son opposition à notre jugement.

106. *Jugement de défaut-congé contre le demandeur.*

Entre le sieur B... (*prénoms, nom, profession et domicile du défendeur*), défendeur aux fins de la citation en date du..., tendant à ce que..., comparant..., lequel, attendu la non-comparution du demandeur, a requis d'être renvoyé de la demande ;

Et le sieur A... (*prénoms, nom, profession et domicile du demandeur*), demandeur aux fins desdits citation et exploit, non comparant, ni personne pour lui ;

Attendu que le demandeur ne comparaît pas pour soutenir sa demande ;

Nous avons donné défaut, et, pour le profit, avons renvoyé le sieur B... de la demande formée contre lui par le sieur A... par la citation susénoncée ; condamnons le sieur A... aux dépens liquidés à..., et commettons pour faire la signification du présent jugement au défaillant, le sieur..., huissier audiencier près notre tribunal.

Nota. Si le jugement devait être signifié dans un autre canton, le juge de paix pourrait déléguer le juge de paix de ce canton pour commettre un huissier, en ces termes :

Disons que le présent jugement sera signifié par un huissier du canton de..., qui sera commis par M. le juge de paix dudit canton.

107. *Jugement contradictoire rendu sur l'opposition.*

Entre le sieur B... (*prénoms, nom, profession et domicile de l'opposant*), demandeur aux fins de son opposition notifiée par exploit du..., enregistrée le..., tendant à ce qu'il soit reçu opposant à l'exécution de notre jugement du..., à lui signifié... (*si l'opposition est formée après les délais, il sera ajouté :* et ce nonobstant l'expiration du délai de la loi, attendu que lors du jugement du..., et de la signification d'icelui le..., il était retenu au lit par une maladie grave, ainsi qu'il appert par le certificat du sieur..., médecin à..., en date du..., enregistré le..., transcrit en tête dudit exploit) ; faisant droit sur son opposition, il soit ordonné..., comparant..., d'une part ;

Et le sieur A... (*prénoms, nom, profession et domicile de celui qui a obtenu le jugement par défaut*), demandeur originaire, et défendeur aux fins de ladite opposition, comparant..., d'autre part, lequel a requis que le sieur B... fût déclaré non recevable ou mal fondé en son opposition ; en conséquence, notre précédent jugement soit exécuté selon sa forme et teneur ;

Nous... (*on ajoutera, s'il y a lieu :* vu le certificat susénoncé donné par le sieur..., médecin à..., en date du..., enregistré le..., à nous représenté, par lequel il appert...);

Considérant que l'opposition est régulière dans la forme, recevons le sieur B..., opposant à notre jugement du...

Faisant droit sur son opposition...;

Et considérant..., déchargeons ledit B... des condamnations prononcées contre lui par ledit jugement, et condamnons ledit A... aux dépens liquidés à...

(*Si l'opposition est rejetée, le dispositif sera ainsi conçu :*)

Considérant..., déboutons le sieur B... de son opposition à notre jugement du..., en conséquence, disons que ledit jugement sera exécuté selon sa forme et teneur.

(*Si c'était l'opposition du demandeur qui avait été admise, on dirait :*)

Par ces motifs, condamnons B... à...; le condamnons, en outre, aux dépens liquidés à...

108. *Jugement par défaut rendu sur l'opposition.*

Entre le sieur A... (*prénoms, nom, profession et domicile de celui qui a obtenu le jugement par défaut*), demandeur originaire aux fins de la citation du..., enregistrée le..., et défendeur aux fins de la citation d'opposition à lui notifiée par exploit du... à la requête du sieur..., ci-après nommé, tendant à ce que..., comparant..., d'une part; lequel, attendu la non-comparution de l'opposant, a requis l'exécution pure et simple de notre précédent jugement du...;

Et le sieur B... (*prénoms, nom, profession et domicile de l'opposant*), demandeur aux fins de la même citation d'opposition, non comparant, ni personne pour lui, d'autre part;

Nous, juge de paix, attendu que, sur l'appel de la cause, ledit B... ne s'est pas présenté, donnons itératif défaut contre lui ; et pour le profit, le déclarons non recevable en son opposition à notre jugement du...; en conséquence, disons qu'il sera exécuté selon sa forme et teneur, et le condamnons aux dépens.

109. *Jugement préparatoire avec motifs. — Remise accordée*
pour avoir des pièces.

Le juge de paix du canton de... (*Suite comme en la feuille d'audience.*)

Par le sieur B..., défendeur, a été dit que la dette que réclame contre lui le demandeur, héritier pour moitié du sieur A..., son père, a été entièrement acquittée par le sieur M..., beau-frère du défendeur, suivant la quittance que lui en a donnée le sieur A..., père du demandeur, et qu'il serait en état de représenter, sans l'éloignement de son beau-frère; pourquoi requiert délai pour se procurer ladite quittance;

Par ces motifs, nous, juge de paix, avons remis la cause au..., jour auquel le sieur B... sera tenu de présenter la quittance par lui alléguée; sinon sera fait droit.

Fait et prononcé... (*Suite comme en la feuille d'audience.*)

110. *Jugement interlocutoire rendu contradictoirement.*

Le juge de paix du canton de... (*suite comme en la feuille d'audience*),

Se voir condamner à..., sauf, si les faits sont déniés, à les prouver par témoins, ainsi que le demandeur y sera autorisé par le juge de paix.

Le sieur A... a pris et développé ses conclusions, et il a demandé à faire entendre des témoins pour prouver 1º que...; 2º que...

Par le sieur B..., défendeur, a été dit que... Ledit sieur B... a soutenu, en outre, que la preuve par témoins n'était pas admissible, vu que...

Nous, juge de paix, attendu que... (*Motifs et dispositif du jugement interlocutoire.*)

Fait et prononcé en audience publique, en présence du sieur A..., demandeur, et du sieur B..., défendeur, dépens réservés, les jour, mois et an que devant.

Et avons signé avec notre greffier. (*Signatures du juge et du greffier.*)

(*Si l'une ou même les deux parties ne sont pas présentes à la prononciation (ce qui peut avoir lieu lorsqu'il y a eu renvoi d'audience), il en sera fait mention ainsi :*) « Prononcé en présence du sieur... et en l'absence du sieur... *ou bien :* Prononcé en l'absence de toutes les parties. »

111. *Jugement sur déclinatoire, déclarant l'incompétence.*

Le juge de paix du canton de... (*suite comme en la feuille d'audience*) ;

Par le sieur B..., défendeur, a été dit, qu'étant assigné en payement d'une somme de cent cinquante francs, pour argent prêté, action purement personnelle et mobilière, la cause n'est pas de notre compétence, attendu qu'il est domicilié en la commune de..., située hors de notre canton ; pourquoi il requiert être renvoyé de la demande.

Nous, considérant, en droit, qu'en matière pure personnelle, notre compétence est déterminée par le domicile du défendeur, conformément à l'article 2 du Code de procédure civile ; en fait, qu'il s'agit d'une matière pure personnelle, et que le sieur B..., défendeur, est domicilié hors de notre canton ; disons ne pouvoir faire droit sur la demande, statuant en premier ressort, renvoyons le demandeur à se pourvoir devant les juges qui en doivent connaître, et le condamnons aux dépens.

112. *Autre jugement sur déclinatoire, déclarant l'incompétence.*

Nous, juge de paix du canton de... (*suite comme en la feuille d'audience*) ;

Par le sieur B..., défendeur, a été dit que la demande intentée contre lui, tendant à ce qu'il soit déclaré que le demandeur a droit de passer sur son terrain pour desservir son champ non enclavé, dit Pré de la Lande, a pour objet une servitude discontinue et non apparente ; qu'il ne s'agit pas d'ailleurs d'une action possessoire, puisque le sieur A... n'invoque pas même une possession sans trouble remontant à plus d'une année ; que, par conséquent, le juge de paix n'est pas compétent, pourquoi il requiert être renvoyé de la demande ;

Nous, juge de paix, attendu qu'une demande ayant pour objet la reconnaissance d'une servitude de passage est une demande purement immobilière; attendu qu'il ne s'agit pas d'ailleurs d'une action possessoire, puisque le demandeur prétend droit au passage sans alléguer une possession paisible et continue remontant à plus d'une année; attendu, enfin, que la servitude de passage est une servitude discontinue qui ne peut s'acquérir par la possession; statuant en premier ressort, renvoyons le demandeur à se pourvoir devant les juges qui en doivent connaître, et le condamnons aux dépens.

113. *Renvoi devant un autre tribunal pour cause de litispendance.*

Nous, juge de paix, attendu que le sieur A... demande le payement d'une somme de cent quatre-vingt-dix francs pour prix d'une vache à lui vendue par le défendeur;

Attendu que le sieur B... est en instance devant le tribunal civil de... pour demander la nullité de ladite vente, fondée sur un vice rédhibitoire, ainsi qu'il est justifié de cette instance par exploit, en date du..., du ministère de..., enregistré à... le...; attendu que le sort de la demande portée devant nous dépend de la solution de la question pendante devant ledit tribunal de..., renvoyons les parties à se pourvoir devant les juges qui en doivent connaître, et condamnons le demandeur aux dépens.

114. *Jugement qui rejette le déclinatoire.*

Le juge de paix du canton de... (*suite comme en la feuille d'audience*);

Par le sieur B..., défendeur, a été dit que la maison tenue à loyer par le défendeur, pour laquelle le demandeur réclame cinquante francs de réparations locatives, n'est pas située sur le territoire de la commune de..., dans notre arrondissement, mais sur celui de la commune de..., dans l'arrondissement du canton de..., pourquoi il requiert son renvoi devant le juge de paix dudit canton;

Le sieur A... a répliqué qu'à la vérité, de la maison dont il s'agit, dépend un jardin en face des bâtiments, situé hors du canton; mais que les bâtiments sont situés en totalité sur la commune de..., dans notre canton, ainsi qu'il peut en justifier par l'extrait du rôle de la contribution foncière de ladite commune, à lui délivré par... qu'il nous représente;

Nous, juge de paix, vu l'extrait du rôle de la commune de... de notre canton, pour l'an..., délivré par..., par lequel il apparaît que la maison dont il s'agit y est imposée à la contribution foncière; considérant que ladite maison est dans l'étendue de notre canton; statuant en premier ressort, retenons la cause; disons que les parties s'expliqueront sur le fond, et condamnons le sieur B... aux dépens de l'incident.

115. *Jugement de sursis.*

Le défendeur a répondu que la largeur du chemin dont il s'agit n'a pas été fixée; qu'il est donc impossible de savoir, en l'état, si les ouvrages dont on se plaint ont été ou n'ont pas été faits à la distance légale;

A quoi le maire de la commune de... a répliqué que lesdits ouvrages empiètent sur le chemin ; qu'en tout cas il demande qu'il soit sursis jusqu'à ce que l'autorité administrative, exclusivement chargée d'assurer la viabilité, ait fixé la largeur et les limites dudit chemin ;

Par ces motifs, nous, juge de paix, considérant... avant faire droit, ordonnons qu'il sera sursis jusqu'à ce que le maire de la commune de... ait fait procéder par les voies légales à la fixation des limites du susdit chemin ; les droits et exceptions des parties demeurant réservés, ainsi que les dépens.

116. *Jugement sur une déclaration de serment décisoire.*

Entre le sieur A..., demandeur, aux fins d'obtenir le payement d'une somme de cent quatre-vingts francs qu'il prétend lui être due par le sieur B..., comparant..., d'une part ;

Et le sieur B..., défendeur..., comparant..., d'autre part ;

Lequel a déclaré ne rien devoir au sieur A... pour les causes énoncées en l'exploit introductif d'instance, ni pour autre cause ;

A quoi a été répondu par ledit sieur A..., que, n'ayant pas la preuve écrite de sa créance, il entend déférer le serment litis-décisoire au sieur B..., qui déclare être disposé à le prêter ;

Nous, considérant que les faits sur lesquels le serment est déféré sont pertinents et de nature, s'ils étaient reconnus par le défendeur, à prouver qu'il doit la somme demandée ;

Considérant que le sieur B... n'a pas référé le serment au sieur A..., et a déclaré être disposé à le prêter ;

Ordonnons que le sieur B... sera tenu de prêter serment sur le fait suivant, à savoir : s'il doit au sieur A... la somme de cent quatre-vingts francs. (*Le fait pourrait être posé avec plus de détails, mais le juge de paix doit le prendre tel que le demandeur l'a établi.*) Et, vu son absence, renvoyons à l'audience de..., pour, après le serment prêté, être statué ainsi que de droit, dépens réservés.

(*Après le serment, le juge statue en ces termes :*)

Nous, vu le serment qui vient d'être prêté par le sieur B..., dont nous lui donnons acte ;

Vu la méconnaissance par lui passée ;

Déclarons le sieur A... mal fondé dans sa demande, l'en déboutons et le condamnons aux dépens.

117. *Jugement qui donne acte du serment décisoire,*
prêté sur-le-champ à l'audience.

... Attendu que, dans les circonstances, il y a lieu d'ordonner le serment décisoire par A.., déféré à B... ;

En conséquence, nous donnons acte audit sieur A... de sa déclaration, et ordonnons que B... sera tenu d'affirmer par serment si la somme de cent quatre-vingts francs dont il s'agit lui a jamais été prêtée par A..., directement ou indirectement. Le sieur B..., ici présent, a offert de prêter ledit serment ; et, de notre injonction, sa main droite levée à Dieu, a juré et affirmé en audience publique, et en présence du demandeur, que celui-ci ne lui a jamais prêté la susdite somme de cent quatre-vingts francs ; duquel serment, nous, juge de paix, avons donné acte. En conséquence, déboutons le sieur A... de sa demande, et le condamnons aux dépens.

118. *Jugement sur serment supplétoire, avec délégation du juge de paix d'un autre canton pour recevoir le serment.*

Attendu que A... met en fait avoir prêté cent quatre-vingts francs aux époux B...; attendu que ceux-ci nient ce prêt; mais que le mari soutient n'avoir jamais reçu les cent quatre-vingts francs, tandis que la femme reconnaît qu'elle et son mari les ont reçus, mais prétend qu'ils les ont rendus; attendu que, par une lettre en date du..., enregistrée à..., le sieur B... lui-même écrivait au sieur A... qu'il serait bientôt en mesure de s'acquitter envers lui; de sorte que si la demande de A... n'est pas pleinement justifiée, elle n'est pas totalement dénuée de preuve; et c'est le cas de l'accueillir, mais à la charge par A... d'affirmer que la somme réclamée lui est légitimement due;

Par ces motifs, nous, juge de paix, condamnons les époux B..., solidairement, à payer à A... la somme de cent quatre-vingts francs, à la charge par A... d'affirmer par serment que ladite somme lui est légitimement due, et qu'il n'en a été remboursé ni par A... ni par son épouse, directement ni indirectement; et vu que ledit A... est avancé en âge, qu'il est atteint d'infirmités et qu'il réside actuellement dans le canton de..., déléguons M. le juge de paix dudit canton pour recevoir le serment qui vient d'être prescrit; condamnons lesdits époux B... aux dépens liquidés à..., ensemble, aux frais qui sont occasionnés par la prestation dudit serment, et ordonnons qu'il sera sursis à l'exécution jusqu'à l'accomplissement dudit serment, qui sera prêté en présence des époux, ou eux dûment appelés, et dont il sera dressé procès-verbal.

119. *Jugement qui ordonne la visite des lieux contentieux, et nomme des experts.*

Entre, etc...,

Attendu que la visite des lieux est utile pour prononcer sur les faits à nous soumis; que cette visite est requise par le sieur A..., demandeur; qu'une expertise n'est pas moins nécessaire pour apprécier les indemnités demandées, dans le cas où il y aurait lieu;

Nous..., avant faire droit, avons ordonné que le..., heure de..., nous nous transporterions en la maison contentieuse, sise en la commune de..., rue de..., n°..., tenant d'un bout..., d'autre bout..., d'un long..., d'autre long à..., pour procéder à la visite de ladite maison, et estimer les réparations, s'il en est à faire. A laquelle visite nous procéderons en présence du sieur C..., maître maçon, et du sieur D..., maître charpentier... (*prénoms, noms et domicile des experts*), experts par nous nommés, qui prêteront serment en nos mains, et nous donneront leur avis sur le montant des réparations dont il s'agit, pour, après ladite visite et avis des experts, être par nous ordonné ce qu'il appartiendra; et sera par nous délivré cédule nécessaire pour la citation des experts.

Prononcé par nous..., juge de paix, en présence de toutes les parties (*ou bien* en présence du sieur..., et en l'absence du sieur...), dépens réservés. A...

120. *Extrait du jugement contradictoire, mais prononcé en l'absence de l'une des parties, qui ordonne la visite.*

D'un jugement rendu le..., l'an..., par le juge de paix du canton de..., département de..., entre le sieur A..., demandeur, et le sieur B..., défendeur, sur défenses respectives, mais prononcé en l'absence dudit sieur B...;

Il appert avoir été ordonné que le..., heure de..., ledit juge de paix se transporterait à la maison contentieuse, sise..., pour être procédé à la visite de ladite maison, en la présence du sieur C... et du sieur D..., experts nommés pour donner leur avis sur le montant des constructions dont il s'agit.

Pour extrait... *(Signature du greffier.)*

Nota. Cet extrait doit être signifié à la partie avec sommation d'assister à la visite des lieux, aux heure, jour, mois et an fixés par ledit jugement, dont extrait en tête de l'exploit.

121. *Cédule à l'effet de citer les experts.*

Nous, juge de paix du canton de..., département de...;

Conformément au jugement par nous rendu, le..., par lequel il a été ordonné que le..., heure de..., nous nous transporterions en la maison contentieuse, sise..., et estimerions les réparations dont il s'agit en présence des sieurs ci-après nommés, dont nous prendrons l'avis;

Sur la réquisition de... (*prénoms, nom, profession et domicile de celui qui poursuit la visite*),

Autorisons à faire citer devant nous, lieu, jour et heure susindiqués, pour prêter en nos mains serment de bien et fidèlement remplir leur mission, et pour nous donner leur avis, le sieur C..., demeurant à..., maître maçon, et le sieur D..., demeurant à..., maître charpentier.

Donné à..., le..., l'an... *(Signature du juge de paix.)*

122. *Jugement portant défense à un huissier de donner aucune citation pendant un délai déterminé.*

Le tribunal, statuant en dernier ressort et par défaut;

Vu les articles 16, 17 et 19 de la loi du 25 mai 1838, ainsi conçus :

Tous huissiers, etc. (*rapporter le texte de ces articles*);

Fait défense audit sieur... de donner aucune citation devant le tribunal pendant le délai de trois mois; le condamne à payer les frais de la présente condamnation, et ceux de la notification qui lui en sera faite par Me..., huissier, commis à cette fin; fixe à trois jours le délai dans lequel il sera recevable à former opposition.

Ainsi jugé et prononcé à... *(Signature du greffier.)* *(Signature du juge.)*

123. *Procès-verbal et jugement de condamnation d'une partie
qui a violé le respect dû à la justice et a récidivé.*

Le demandeur, en développant ses conclusions, au lieu de s'expliquer avec modération, s'est exprimé en termes contraires au respect dû à la justice, en se servant d'expressions grossières et en provoquant le défendeur ; il a dit notamment que...

Nous l'avons rappelé d'abord, par un avertissement, à la modération, et nous l'avons engagé à rétracter ses paroles et le défi par lui porté au défendeur. Mais il a persisté et a répété ce qu'il avait dit précédemment.

Sur quoi, nous, juge de paix, considérant, etc.;

Vu l'article 10 du Code de procédure civile, ainsi conçu... (*rapporter textuellement l'article*), condamnons ledit A..., demandeur, en l'amende de cinq francs envers le Trésor public ; disons que le présent jugement sera affiché, au nombre de dix exemplaires, à la porte de la mairie des communes de..., du présent canton, aux frais dudit A..., par le ministère de..., notre huissier audiencier, que nous commettons à cet effet ; condamnons, en outre, ledit A... aux dépens du présent jugement.

Fait et prononcé en audience publique, en présence dudit A..., les jour mois et an que dessus, et avons signé avec notre greffier.

124 *Procès-verbal et jugement de condamnation d'une partie,
pour irrévérence ou insulte au juge de paix.* (Feuille d'audience.)

Le défendeur, répondant aux conclusions du demandeur, a soutenu qu'il ne pourrait obtenir de nous, juge de paix, bonne et impartiale justice, parce que le demandeur étant représentant du peuple, nous serions porté à le favoriser pour nous attirer les faveurs que pourrait nous procurer son influence.

Sur notre observation, que nous regardions ces paroles comme une irrévérence grave et un outrage, le défendeur a persisté, ajoutant que nous étions, comme tous les fonctionnaires publics, vendu au gouvernement. De quoi nous avons à l'instant dressé le présent procès-verbal, et l'avons invité à le signer, ce qu'il a refusé de faire ; vu l'article 11 du Code de procédure civile, ainsi conçu : « Dans le cas d'insulte ou irrévérence grave... » (*rapporter textuellement l'article*) ; attendu que le reproche à nous adressé par ledit défendeur constitue une insulte et irrévérence grave commise en notre audience de ce jour, condamnons ledit sieur Henri Bordeux à vingt-quatre heures d'emprisonnement.

Fait et prononcé en audience publique, en présence dudit Henri Bordeux, les jour, mois et an que dessus, et avons signé avec notre greffier. (*Signatures du juge de paix et du greffier.*)

125. *Modèle de procès-verbal d'arrestation ou de condamnation de
ceux qui troublent l'ordre, excitent du tumulte, ou se livrent à des
voies de fait ou injures dans une audience.* (Feuille d'audience.)

Nous, juge de paix du canton de..., département de..., certifions : 1° que, pendant notre audience du jeudi... mars mil huit cent..., au moment où nous procédions au jugement de l'action intentée devant nous par le sieur Alexandre B..., contre le sieur Cyriaque A..., l'ordre et la tranquillité ont été troublés par Joseph C..., marchand boucher, demeurant à..., qui s'est permis de... (*signes d'approbation ou d'improbation, propos ou tumulte qui ont eu lieu*) ; que nous avons ordonné audit C... de se taire et d'observer la tranquillité et la décence dues à la justice, mais qu'il a réitéré ses procédés ; qu'alors nous l'avons fait expulser de la salle d'audience par l'huissier de service, qu'il y est entré peu de temps après en disant... (*Nouveaux propos.*)

2° En vertu de l'article 504 du Code d'instruction criminelle, nous avons ordonné qu'il fût saisi à l'instant et conduit à la maison d'arrêt de cette ville, pour y être détenu pendant vingt-quatre heures.

Enjoignons en conséquence, au gardien de ladite maison de le recevoir sur le vu de ce procès-verbal, qui a été de suite rédigé en présence dudit C..., auquel lecture en a été faite par M..., huissier de service, qui a été chargé de mettre à exécution la présente ordonnance.

Donné à..., le...

(*En cas d'injures ou de voies de fait pouvant donner lieu à l'application ultérieure de peines de police, dire à la suite du paragraphe 1er ce qui suit :*)

« Ces propos formant la contravention prévue par l'article... du Code pénal, qui est ainsi conçu : ... (*Termes de cet article.*)

« Vu, en outre, l'article 505 du Code d'instruction criminelle, dont les termes suivent : Lorsque le tumulte, etc.;

« Condamnons ledit sieur C... à l'amende de cinq francs. Ainsi jugé... »

126. *Visite contradictoire des lieux, sans expertise ni enquête.*

L'an, etc.,

Nous..., etc., juge de paix du canton de..., en exécution du jugement interlocutoire par nous rendu le... du présent mois, enregistré..., sur l'action intentée par le sieur A..., demeurant en ladite commune ;

Et à la requête du sieur A..., nous sommes transporté, assisté du greffier de notre justice de paix, porteur de la minute dudit jugement, dans une maison située à..., rue de..., lui appartenant, à l'effet de constater...

Et là étant, dans une pièce servant de..., s'est présenté ledit sieur A..., lequel, persistant dans sa précédente demande, nous a requis de procéder immédiatement à la visite par nous ordonnée, tant en présence qu'en l'absence dudit sieur B..., et a signé. (*Signature.*)

Et à l'instant a aussi comparu ledit sieur B..., lequel a déclaré qu'il ne s'oppose pas à la visite dont il s'agit, offrant d'y assister, sous toutes les réserves de droit, et a signé. (*Signature.*)

Sur quoi nous avons donné acte aux parties de leurs consentement et réserves, et avons, en leur présence, procédé comme il suit :

1° Nous avons remarqué dans la chambre où nous sommes que...

2° Dans un salon ayant vue sur un jardin, nous avons remarqué que... (*et si dans le cours de l'opération les parties font des réquisitions ou des demandes, on dit :*)

En cet endroit, le demandeur a requis que... (*exprimer les moyens et conclusions*), et a signé. (*Signature.*)

A quoi le défendeur a répondu que... (*analyse de la réponse*), et a signé.

Sur quoi nous, juge de paix :

Attendu que... (*motifs de la décision*);

Ordonnons... (*Enoncer ici ce que le juge prononce, soit un renvoi à l'audience, soit une mesure provisoire, soit un simple acte donné aux parties de leurs dires, avec réserves de leurs droits respectifs.*)

Et, attendu qu'il n'y a plus rien à visiter ou examiner, nous renvoyons la cause et les parties, pour être fait droit, à notre audience du..., dépens réservés.

Fait et clos le présent procès-verbal à..., les jour, mois et an susdits, à..., heure..., et ont les parties signé avec nous et le greffier.   (*Signatures.*)

127. *Visite contradictoire, expertise et jugement après l'expertise.*

Entre le sieur A..., demandeur aux fins de la citation originaire du..., et le sieur B..., défendeur aux fins de la même citation, comparant l'un et l'autre en personne devant nous..., juge de paix, assisté de notre greffier, en une maison... (*désignation de la maison, comme au jugement qui ordonne la visite*);

Le sieur A... a dit qu'aux termes de notre jugement du..., rendu entre lui et le sieur B..., prononcé parties présentes, et de la cédule à lui par nous délivrée le..., il a, par exploit du..., enregistré le..., fait citer à comparaître devant nous cejourd'hui, lieu et heure..., présents, le sieur C..., maître maçon, demeurant à..., et le sieur D..., maître charpentier, demeurant à..., pour donner leur avis sur les réparations dont il s'agit ; pourquoi il requiert qu'il nous plaise de procéder à la visite ordonnée, et prendre les avis des experts présents.

Sur quoi, nous..., juge de paix, avons procédé à la visite de ladite maison, et nous avons reconnu que... Les experts, de leur côté, après avoir prêté en nos mains serment de bien et fidèlement s'acquitter de leurs fonctions, ont procédé à l'estimation des réparations dont il s'agit, lecture à eux préalablement faite, par notre greffier, de notre jugement du... qui a ordonné la présente visite et estimation.

Le sieur C..., maître maçon, a reconnu que... (*il fera mettre dans le procès-verbal tous les détails de son art, nécessaires pour appuyer son avis*); pourquoi il estime que la reconstruction dudit mur coûtera la somme de..., et a signé.

(Signature du sieur C...)

Le sieur D..., maître charpentier, a reconnu que... (*il fera mettre pareillement dans le procès-verbal tous les détails de son art, nécessaires pour appuyer son avis*); pourquoi il estime que la reconstruction du hangar coûtera la somme de..., et a signé.

(Signature du sieur D...)

Après laquelle visite, et avis à nous donné par les experts..., nous..., juge de paix, considérant que..., disons...

Donné en la maison susdésignée, par nous..., juge de paix du canton de..., département de..., le..., l'an...

128. *Jugement sans rédaction par écrit de la visite et de l'expertise.*

Entre le sieur A... (*suite comme à la formule précédente*),

Ordonné la présente visite et estimation.

Après laquelle visite, et avis à nous donné par les experts, duquel avis il résulte que... (*Enoncer ici, en le résumant, l'avis des experts, seulement les conclusions.*)

Nous, juge de paix, considérant que... (*Suite comme en la formule qui précède.*)

129. *Visite par défaut, et jugement après la visite.*

Entre le sieur A..., demandeur aux fins de la citation originaire du..., enregistrée le..., comparant..., en la maison contentieuse, sise commune de... (*désignation de la maison comme au jugement*), et le sieur B..., défendeur aux fins de la même citation, non comparant, ni personne pour lui;

Le sieur A... nous a dit qu'aux termes de notre jugement du..., rendu entre lui et le sieur B..., sur défenses respectives, mais prononcé en l'absence dudit sieur B..., demeurant..., signifié par extrait audit sieur B..., par exploit de..., en date du..., enregistré le..., contenant sommation d'être présent à la visite ci-après; et en vertu de la cédule à lui par nous délivrée le..., il a, par exploit du..., enregistré le..., fait citer à comparaître devant nous, en ce lieu, cejourd'hui, heure présente de..., les sieurs C... et D..., experts nommés par ledit jugement, lesquels sont ici présents; et requiert qu'il nous plaise procéder à la visite de la maison où nous sommes, et prendre l'avis desdits experts;

Et après avoir attendu jusqu'à l'heure de..., sans que le sieur B... soit comparu ni personne pour lui, nous..., juge de paix, avons procédé à la visite de ladite maison, et nous avons reconnu que... Les experts, de leur côté, après serment par eux fait en nos mains de bien et fidèlement s'acquitter de leur fonction, ont procédé à l'estimation des réparations dont il s'agit, lecture à eux préalablement faite... (*Le surplus comme ci-devant, formule* 158).

130. *Rapport d'experts, dressé par le greffier dans une expertise ordonnée, soit par le juge de paix sans descente sur les lieux, soit par le tribunal de première instance, lorsque l'un des experts ne sait pas écrire.* C. proc., art. 317; Tarif, art. 15. — Taxe du greffier, deux tiers des vacations allouées à un expert.

A monsieur le juge de paix du canton de..., *ou* à messieurs les président et juges du tribunal de première instance de...

L'an..., le..., heure de..., nous J..., fermier, demeurant à...; S..., propriétaire, demeurant à...; L..., vigneron, demeurant à..., experts convenus entre les parties, en exécution d'un jugement rendu le..., entre le sieur A..., propriétaire, demeurant à..., et B..., également propriétaire, demeurant à... (*ou* nommés d'office par un jugement rendu le..., etc.), à l'effet de procéder aux visites et opérations ci-après, après avoir prêté serment de bien et fidèlement remplir leur mission, ainsi qu'il est constaté par procès-verbal de J..., juge de paix du canton de..., en date du..., nous nous sommes transportés sur une pièce de terre, sise au lieu de..., commune de..., où étant arrivés heure de..., nous avons trouvé ledit sieur **A**..., lequel, après nous avoir remis la grosse dudit jugement, enregistré et signifié à Me D..., avoué du sieur **B**... (*si l'expertise a été ordonnée par un juge de paix, il ne sera pas fait mention d'avoué dans tout l'acte*), ensemble l'original de la sommation faite audit sieur **B**..., le..., par acte d'avoué, de se trouver aux lieu et heure ci-dessus désignés, nous a requis de procéder aux opérations ordonnées par ledit jugement, et a signé avec M^e **T**..., son avoué.

A aussi comparu ledit sieur **B**..., qui, assisté de Me D..., son avoué, nous a dit qu'il comparaissait pour satisfaire à ladite sommation, et n'empêchait pas que nous procédassions auxdites opérations ; et ont ledit sieur **B**... et son avoué signé.

(*Ici on transcrit les déclarations ou les réquisitions que peuvent faire les parties.*)

Desquels comparutions, remises, dires, réquisitions et consentement nous avons donné acte aux parties ; en conséquence, avons procédé à l'expertise, conformément audit jugement, en présence des parties et de leurs avoués, et rédigé notre rapport, lequel a été écrit par M..., greffier de la justice de paix du canton de..., sous la dictée de M..., l'un de nous, ainsi qu'il suit, attendu que M. **A**..., l'un de nous, ne sait pas écrire.

(*Constater ici la vérification et toutes les opérations nécessaires pour établir la vérité, telles qu'arpentage, toisé, etc. Les parties doivent être présentes à cette partie du rapport, et faire toutes les observations qu'elles jugent utiles. S'il est nécessaire de remettre à une autre vacation, on rédige ainsi cette partie du rapport :*)

Et après avoir vaqué à tout ce qui vient d'être énoncé jusqu'à... heure de..., nous avons, pour continuer nos opérations, remis à... (*jour et heure*), auxquels les parties seront tenues de se trouver sans nouvelle sommation, et ont les parties et leurs avoués signé avec nous.

(*Si la présence des parties n'est plus nécessaire, on l'indique.*)

Et lesdits an, jour et heure, nous, experts ci-dessus nommés, étant réunis à..., en l'absence des parties et de leurs avoués, après avoir conféré entre nous sur... (*l'objet de l'expertise, les questions qu'elle présente, etc.*), avons été unanimement d'avis de ce qui suit... (*L'avis unanime doit être notifié sur ces différents points.*)

(*Si deux experts ont été d'un avis et le troisième d'un autre avis, au lieu de :*) Avons été unanimement d'avis..., avons été d'avis, à la pluralité, de ce qui suit :

(*Si chaque expert a émis un avis, on met :*) Il a été proposé trois avis ainsi qu'il suit :

Le premier avis a été..., le deuxième avis a été..., le troisième avis a été... (*On termine en ces termes :*) Après avoir vaqué depuis l'heure de..., jusqu'à..., nous avons clos le procès-verbal, qui a été signé par le greffier et par MM..., experts, seulement, attendu que M. **A**..., le troisième expert, a déclaré ne savoir signer. (*Cette mention est nécessaire, car l'expert qui a déclaré ne savoir écrire pourrait savoir signer.*)

131. *Jugement qui ordonne une enquête dont on doit dresser procès-verbal.*

Entre le sieur..., etc., demandeur aux fins de la citation ci-après énoncée, comparant en personne... (*ou par le sieur...*, son fondé de pouvoir, suivant la procuration sous seing privé, en date du..., enregistrée à..., le..., par..., qui a perçu..., etc.);

Et le sieur..., défendeur aux fins de ladite citation, demeurant à..., comparant en personne.

En fait..., par citation de..., huissier, du..., enregistrée le..., le demandeur a conclu à ce que... (*énoncer ses conclusions*); à quoi le défendeur a répondu qu'il dénie les faits allégués par le demandeur, et a conclu à ce qu'il nous plût le renvoyer de la demande et condamner le demandeur aux dépens. Le demandeur a répliqué qu'il offre la preuve testimoniale des faits par lui allégués.

Dans cet état, la cause présentait à juger les questions suivantes : 1° En droit, la preuve offerte est-elle admissible ? 2° Les faits articulés sont-ils pertinents ?

Nous, juge de paix, attendu que..., *ou* considérant que... la preuve testimoniale est admissible dans la cause, puisque... (*énoncer un motif tiré soit de ce que l'obligation à prouver n'est pas d'une valeur supérieure à 150 frans, soit des autres circonstances de la cause*); attendu que les faits articulés par le demandeur sont pertinents, et conduisent à la vérification de la demande ;

Avant faire droit, ordonnons que le demandeur fera preuve à l'audience du..., que... : 1°...; 2°...; 3°... (*indiquer bien positivement les faits à prouver*), la preuve contraire réservée au demandeur ; à l'effet de quoi il sera par nous délivré cédule nécessaire, pour, l'enquête faite, être par les parties requis et par nous statué ce qu'il appartiendra, dépens réservés. Ainsi fait et prononcé en audience publique, en présence de..., *ou* en l'absence de..., en premier... *ou* dernier ressort..., par nous, juge de paix de..., assisté de notre greffier, à l'audience du..., et avons signé avec le greffier.

132. *Cédule pour appeler des témoins.*

Nous, juge de paix du canton de..., département de..., à la requête du sieur..., demeurant à..., et sur la demande qui nous a été par lui faite, conformément au jugement par nous rendu le..., par lequel nous l'avons admis à faire la preuve de différents faits par lui articulés, mandons et ordonnons au sieur..., huissier, sur ce requis, de citer, 1° le sieur... (*nom, prénoms, qualités et domicile*) ;

2° Le sieur... (*id.*), à comparaître le... prochain..., heures..., par-devant nous, au lieu ordinaire de nos séances... (*ou dans tel autre lieu, qu'il faut avoir soin d'indiquer clairement*), pour dire et déposer la vérité en l'enquête ordonnée par notre jugement du..., rendu contradictoirement entre le sieur... et le sieur..., faute de quoi ils seront condamnés à l'amende et aux peines prononcées par la loi.

Donné le..., à...

133. *Modèle de jugement rendu en dernier ressort, visite des lieux, expertise et enquête, dont il n'y a pas lieu de dresser procès-verbal.*

Entre..., etc., comparant l'un et l'autre en personne ;

Par sa citation, le demandeur a conclu..., etc.

La cause, portée à l'audience du..., sans rien préjuger et avant faire droit, nous avons ordonné que la visite serait faite ce jour, en présence des parties de..., pour constater si..., et pour entendre en même temps les témoins produits par les parties, afin d'établir la preuve des faits par elles soutenus et déniés lors dudit jugement.

A la requête dudit..., demandeur, nous nous sommes transporté, assisté du greffier de la justice de paix, à..., heures du..., sur..., où il a été procédé, en présence des parties, à la visite des lieux, et il en est résulté que...

Etablir sommairement, mais avec soin, l'état des lieux... S'il y a des experts qui font la visite avec le juge de paix, il faut exprimer leur avis.)

Cette visite étant terminée, nous, juge de paix, avons procédé à l'audition de..., témoins, assignés de la part du demandeur, savoir : 1°...; 2°... *(indiquer ici les nom, âge, profession et demeure de chacun des témoins)* ; lesquels ont été entendus séparément dans leur déposition, en présence des parties, et après avoir déclaré qu'ils ne sont ni parents, ni alliés, ni serviteurs des parties, et après avoir, chacun séparément, prêté serment de dire la vérité, toute la vérité, rien que la vérité.

(S'il y a des reproches fournis contre un témoin, on dit, aussitôt après avoir écrit les nom, âge, profession et demeure de ce témoin :)

Ce témoin a été reproché par ledit..., attendu que... *(motifs de reproche)* ; à quoi le témoin a répondu que..., etc...

Sur quoi, nous, juge de paix, considérant que le reproche est fondé en fait et en droit, avons dit que le témoin... ne serait pas entendu, et passé outre à l'audition des autres témoins.

(Dans le cas, au contraire, où le reproche ne doit pas être admis, on dit :) Considérant que le reproche n'est aucunement justifié, nous avons ordonné que ledit témoin serait entendu dans sa déposition, sans avoir égard au reproche présenté par le sieur...

Les témoins du demandeur étant entendus, ledit...; défendeur, a présenté les témoins pour la preuve contraire qui lui est réservée. Ces témoins..., etc. *(Comme ci-dessus pour les témoins fournis par le demandeur.)*

Ces enquête et contre-enquête étant terminées, les parties ont été respectivement entendues dans leurs moyens de défense ; le demandeur a dit qu'il persiste dans ses conclusions, attendu que..., à quoi le défendeur a répondu que...

Dans cet état, le résultat des dépositions des témoins fournis respectivement par les parties étant que... *(énoncer ici en masse, et en le résumant autant que possible, le résultat des dépositions)*, la cause a présenté à juger les questions suivantes : 1° En fait...; 2° en droit..., etc.

(Si des reproches avaient été articulés contre les témoins après leur audition, on le mentionnerait, en constatant la preuve par écrit apportée à l'appui, ou qu'aucune preuve par écrit n'aurait été apportée (C. proc., art. 36), et l'on dirait dans le jugement :)

Faisant droit sur l'incident : considérant que les reproches sont... *ou ne sont pas justifiés...*, admettons... *ou* rejetons lesdits reproches. Au fond, attendu que... *(mettre ici les motifs qui détermineront la décision du juge de paix)* ; jugeant en dernier ressort, ordonnons... et condamnons le sieur...

Ainsi jugé et prononcé... *(indiquer le lieu où le jugement est prononcé)*, etc.

134. *Procès-verbal de constatation des lieux.*

L'an... et le..., à... heures..., devant nous..., juge de paix du canton de..., assisté de... greffier ;

En exécution de notre ordonnance en date du..., enregistrée, laquelle a été notifiée par exploit du..., également enregistré, nous nous sommes transporté... (*désigner le lieu*), où étant, a comparu le sieur..., qui a représenté ladite ordonnance et ledit exploit, a persisté dans ses réquisitions et offert de nous indiquer les localités, et il a signé. (*Signature.*)

A aussi comparu le sieur..., qui a déclaré ne pas s'opposer à la constatation requise, sous la réserve de tous ses droits. (*Signature.*)

A également comparu le sieur Charles Boudet, architecte, domicilié à..., expert par nous nommé d'office, lequel a offert de procéder, et a préalablement prêté en nos mains le serment requis. (*Signature.*)

Nous, juge de paix, avons donné acte aux parties de leur comparution, dires, consentement et réserves, et avons procédé comme suit...

(*Décrire exactement les lieux, faire faire le plan par l'architecte, si les parties le réclament, expliquer tous les faits que l'une ou l'autre des parties a intérêt de faire constater; etc.*)

De tout quoi nous avons dressé le présent procès-verbal, et avons signé avec les susdites parties, l'expert et le greffier, après lecture faite, les jour, mois et an que dessus. (*Signatures.*)

135. *Procès-verbal de constatation des lieux contenant la requête de l'ordonnance.*

L'an..., a comparu le sieur Charles Baillif, lequel nous a exposé qu'il avait verbalement loué une petite maison sise en la présente ville, rue..., au sieur..., que le bail a pris fin aujourd'hui même à midi ; que ledit sieur... ayant fait beaucoup de dégradations à ladite maison, le comparant requiert qu'il nous plaise nous y transporter immédiatement, avec un expert par nous nommé d'office, à l'effet de constater et apprécier lesdits dommages, et il a signé. (*Signature.*)

Nous, juge de paix, déférant à la réquisition ci-dessus, avons nommé d'office, pour l'appréciation des dommages allégués, le sieur..., lequel, informé, s'est présenté, a déclaré accepter la commission à lui déférée, a prêté en nos mains le serment préalable; et nous étant transporté avec ledit expert et notre greffier dans la maison ci-dessus désignée, où s'est trouvé ledit sieur Baillif, nous avons parcouru et examiné toutes les parties de ladite maison et avons remarqué... (*Prendre l'avis de l'expert pour la fixation des dommages.*)

De tout quoi nous avons dressé...

136. *Procès-verbal de constatation des lieux sans ordonnance.*

L'an...,

Nous..., juge de paix du canton de..., assisté de..., notre greffier, procédant à la réquisition du sieur, nous nous sommes transporté sur le chemin vicinal menant de la commune de... dans la commune de..., dans la partie de ce chemin qui traverse le domaine dit des Closeries, entre deux pièces de terre désignées sous le nom de Longchamp et de Bas-Pré, le tout commune de..., où étant, nous avons constaté que, dans une longueur d'environ soixante mètres, ledit chemin est entièrement envahi par les eaux qui, n'ayant pas d'écoulement, séjournent sur ce point; que dans plusieurs endroits les eaux s'élèvent à quatre-vingt-cinq centimètres, et qu'il renferme, en outre, des ornières et des aspérités dangereuses; d'où suit que ledit chemin est impraticable pour les piétons, voitures ou charrettes, et qu'il y a nécessité pour les voyageurs de passer sur la pièce de terre dite Longchamp, située à gauche du chemin; le Bas-Pré, situé à droite, étant lui-même également inondé dans cette partie.

De tout quoi nous avons dressé ledit procès-verbal pour valoir et servir ce que de droit.

Et avons signé avec notre greffier, les jour, mois et an que devant. (*Signatures.*)

137. *Procès-verbal d'enquête et de contre-enquête dans une cause sujette à l'appel sur action personnelle et mobilière, contenant reproche contre des témoins, et condamnation contre les témoins défaillants.*

Aujourd'hui..., etc., devant nous..., etc., a comparu le sieur..., lequel a dit que, par jugement de..., enregistré le..., nous avons ordonné, avant faire droit, que nous entendrions à cette audience les témoins qu'il a été autorisé à citer, pour nous fixer sur la vérité des faits énoncés audit jugement; qu'à cet effet, et en vertu de la cédule que nous lui avons délivrée le..., il les a fait citer au nombre de..., pour être présentement entendus, ainsi qu'il appert de l'acte de citation signifié au pied de la cédule par le ministère de..., huissier à..., le..., enregistré le...; en conséquence, le comparant a demandé qu'il soit procédé à l'audition desdits témoins, tant en absence qu'en présence du sieur..., défendeur, demeurant à..., auquel il a aussi fait notifier ladite cédule par autre acte du ministère de..., huissier à..., en date du..., enregistré le..., lesquels actes le comparant a déposés ès mains du greffier, et a signé (*ou a déclaré ne le savoir*).

Et à l'instant a aussi comparu... (*nom, prénoms et demeure du défendeur*), lequel a dit qu'il ne s'oppose pas à l'audition des témoins appelés par le demandeur, offrant d'y assister sous toutes réserves de droit; et en outre que, de son côté, pour établir la preuve contraire qui lui est réservée par ledit jugement, il a fait citer, suivant acte du ministère de..., huissier à..., en date du..., et dûment enregistré le..., cinq témoins dont il demande l'audition; de laquelle citation il a remis l'original ès mains du greffier, et a signé, etc.

Sur quoi, nous, juge de paix, vu le jugement, la cédule et les citations ci-dessus énoncés, donnons acte aux parties de leurs comparution, dires et réquisitions, et avons procédé à l'audition des témoins de la manière suivante.

(*Si l'une des parties ne comparaît pas, on modifie ainsi:*)

Et après avoir attendu plus d'une heure au delà de celle indiquée par notre cédule, attendu que le défendeur ne comparaît pas ni personne pour lui, nous avons donné défaut contre lui et ordonné qu'il sera passé outre; et en conséquence, etc...

Après avoir fait donner lecture du jugement qui ordonne l'enquête à tous les témoins respectifs présents et réunis, lesquels se sont ensuite retirés hors de l'audience, nous les avons fait rentrer l'un après l'autre suivant la loi, et chacun a été entendu séparément, en présence des parties.

1er *témoin*. Frédéric D..., propriétaire, demeurant à..., âgé de..., a déclaré qu'il n'est ni parent, ni allié, ni serviteur, ni domestique des parties; a fait le serment de dire la vérité, toute la vérité, rien que la vérité, et a déposé en ces termes... (*écrire sa déposition, en ayant soin d'employer, autant que faire se pourra, les termes dont il se sera servi*).

(*Si le témoin, après avoir déposé, est interpellé par le juge de paix d'office ou sur la demande des parties, on ajoute, avant la clôture de sa déposition :*)

Interpellé par nous de dire si tel fait est..., etc., *ou* d'expliquer tel autre..., etc., a répondu..., etc. Lecture faite de cette déposition, le témoin ayant dit n'avoir rien à ajouter à ladite déposition, et qu'elle contient la vérité, y a persisté et a signé, *ou* a déclaré ne savoir signer, de ce interpellé.

2e *témoin*... (*Nom, prénoms, âge, qualités, demeure et la déclaration qu'il n'est ni parent, ni allié, ni serviteur, etc., comme à la déposition ci-dessus*) : à l'instant où cette déclaration a été faite, le sieur..., défendeur, a dit qu'il reproche ce témoin, attendu que... (*énoncer clairement et sommairement ce reproche*); à quoi le demandeur a répondu que..., etc. Le témoin, interrogé sur la vérité de ce reproche, a dit que...; sur quoi... (*Suite comme en la formule précédente. Si le reproche est écarté, on continue ainsi :*)

Alors ledit témoin, après avoir juré de dire la vérité, toute la vérité et rien que la vérité, a déposé ainsi, en présence des parties..., etc.

Lecture faite... (*Le reste comme ci-dessus.*)

3e *témoin*... (*Comme plus haut.*)

Tous les témoins du demandeur ayant été entendus, nous avons procédé à l'audition de ceux appelés par ledit sieur..., défendeur, en observant les mêmes formalités précédentes, tant pour leur audition, qui a lieu séparément en présence des parties, que pour leurs déclarations et serments.

4e *témoin*... (*Nom, prénoms, âge, qualités et demeure, comme dans la déposition du premier témoin produit par le demandeur ; et ainsi continuer pour tous les autres.*)

Et attendu que tous les témoins ont déposé, nous disons que, pour entendre les observations et pour faire droit sur les conclusions des parties, elles seront tenues de comparaître à notre audience du..., sans citation préalable.

Fait et clos le présent procès-verbal les jour, mois et an que dessus. (*Signatures du juge, du greffier et des parties.*)

(*Quand l'un des témoins cités ne comparaît pas et se fait excuser, il faut changer ainsi la finale :*) Attendu que tous les témoins, etc.;

Et attendu que le sieur..., demeurant à..., l'un des témoins appelés par..., n'a point comparu, et qu'il nous a fait adresser un certificat délivré par... le..., enregistré le..., portant que...; attendu que ce motif est une cause valable, et que la cause est suffisamment entendue par suite de l'audition des précédents témoins, disons qu'il sera passé outre au jugement de la cause, etc.

(*Si, au contraire, le juge de paix pense que l'excuse ne doit pas être admise, on continue ainsi :*)

Et attendu que le témoin... n'a pas comparu, que l'excuse présentée par lui n'est pas suffisante, que son audition est nécessaire, ordonnons qu'il sera réassigné à ses frais pour le..., heure de..., jour auquel nous renvoyons les parties pour..., etc.

(Si le juge de paix croit la déposition du témoin nécessaire, malgré son excuse valable, on met :)

Attendu que l'excuse proposée est valable, mais que l'audition du témoin est nécessaire, nous ordonnons qu'il sera réassigné pour comparaître à l'audience du..., à laquelle nous continuerons la cause en présence des parties, lesquelles seront tenues de comparaître sans citation nouvelle.

Fait..., etc.

(Mais si, dans ce cas, le témoin était infirme ou incapable de se présenter, on dirait :)

Attendu que le fait constaté par le certificat est une cause suffisante, mais qu'il nous est indispensable d'entendre le témoin, nous ordonnons que sa déposition sera par nous reçue en son domicile, auquel nous nous transporterons le... de ce mois, à... heure du..., et enjoignons aux parties d'y comparaître sans citation.

(Enfin, si le témoin ne s'était pas présenté et n'avait pas fait parvenir d'excuse, on pourrait dire :)

Nous, juge de paix, vu l'exploit délivré à N..., palrant à sa personne, par... . Attendu qu'il n'a pas fait parvenir d'excuse ; attendu que le sieur B... demande qu'il soit condamné à l'amende et aux dépens ; vu l'article 263 du Code de procédure civile, le condamnôns en dix francs d'amende et aux dépens, taxés à...

Fait et clos..., etc.

(Si le juge de paix se transporte sur les lieux et se fait assister d'experts, on ajoute, après avoir mentionné la comparution des parties et des experts :)

Vu la comparution desdites parties et des experts, nous avons fait lever la main à ces derniers, et prêter serment de bien et fidèlement, et en leur âme et conscience, nous donner leur avis, etc...; après quoi, en présence des parties, nous avons constaté en premier lieu que...; etc. Interrogés par nous, les experts nous ont déclaré..., etc. *(Mentionner ici l'opinion des experts, en ayant soin d'indiquer leurs opinions séparément, s'ils ne sont pas unanimes.)*

Si le procès-verbal ne peut être fait dans un seul jour, on mentionne ainsi la remise à un autre jour :)

Et attendu l'heure avancée... *(ou toute autre raison qui motive le renvoi)*, nous avons renvoyé la suite de notre opération à... prochain, heures de..., auxquels jour et heures les parties, les experts et les témoins seront tenus de comparaître sans nouvelle citation. *(Indiquer le lieu.)*

138. *Enquête par défaut, et jugement d'après l'enquête.*

Entre le sieur A..., demandeur aux fins de la citation ordinaire..., enregistrée le..., comparant en personne, et le sieur B..., défendeur aux fins de la même citation, défaillant ;

Le sieur A... a dit qu'aux termes de notre jugement du..., rendu entre lui et le sieur B..., sur défenses respectives, mais prononcé en l'absence dudit B..., auquel extrait dudit jugement a été dûment signifié par exploit de..., en date du..., enregistré le..., contenant sommation d'être présent à l'enquête ci-après et en vertu de la cédule à lui par nous délivrée le..., il a, par exploit du..., enregistré le..., fait citer à comparaître cejourd'hui. lieu. heure présente de..., les sieurs C..., D..., E...; F..., lesquels sont ici présents, et requiert qu'il nous plaise les entendre, même en l'absence du sieur B..., non comparant, quoique dûment averti.

Et attendu que le sieur B... n'a pas comparu, ni personne pour lui, nous..., juge de paix, avons procédé à l'audition des témoins produits, auxquels il a été fait, en notre présence, par notre greffier, lecture entière du jugement du..., qui ordonne la présente enquête;

Le sieur C... (*Sa déposition et les autres comme en l'enquête contradictoire.*)

Après laquelle enquête, ouï de nouveau le sieur A..., nous avons, contre le sieur B..., non comparant, ni personne pour lui, donné défaut; et pour le profit, considérant..., disons que... Donné... (*La fin comme à l'enquête contradictoire, formule précédente.*)

139. *Jugement sur le fond après enquête principale.*

Audience du...
En la cause du sieur A...
Contre le sieur B... ·

A comparu le sieur A..., lequel nous a exposé qu'il résulte du procès-verbal par nous tenu le..., enregistré, qu'il a été procédé avec toutes les formalités de la loi à l'enquête prescrite par notre jugement interlocutoire du..., enregistré, ainsi qu'à la contre-enquête; et attendu qu'il résulte de cette opération que le comparant a pleinement rempli ledit interlocutoire, il conclut à l'adjudication des fins et conclusions par lui prises dans l'exploit introductif d'instance, avec dépens.

A également comparu le sieur B..., qui a dit qu'en vertu du même jugement il a été procédé, dans le même procès-verbal, à la contre-enquête; et attendu qu'il résulte de l'ensemble des dépositions des témoins que..., il conclut à être renvoyé des demandes, fins et conclusions contre lui prises, avec dépens.

Ouï lesdites parties et la lecture de la susdite enquête qui a été faite par notre greffier, nous, juge de paix, avons posé les questions suivantes:...

Nous, juge de paix, attendu...

Par ces motifs, vidant l'interlocutoire et procédant à charge d'appel, condamnons le sieur B... à..., avec dépens liquidés à..., ensemble aux frais de la minute, enregistrement, expédition et signification du présent jugement.

Ou relaxons le sieur B... des demandes à lui faites, fins et conclusions contre lui prises, et condamnons le sieur A... aux dépens liquidés à..., etc.

140. *Jugement de remise pour la comparution en personne.*

Entre le sieur A..., comparant par C..., son fondé de pouvoir, d'une part; et le sieur B..., comparant par D..., son fondé de pouvoir, d'autre part;

Après avoir entendu les parties en leurs dires respectifs, nous..., considérant que le jugement à rendre sur la présente demande dépend de faits dont les parties rendront par elles-mêmes un compte plus exact que leurs fondés de pouvoir, et que leur comparution peut être utile pour le jugement de la cause, avons remis la cause au..., jour auquel les parties seront tenues de comparaître en personne, en notre audience, heure de..., pour s'expliquer sur les faits de la cause, dépens réservés.

Prononcé, etc.

141. *Jugement qui donne acte d'une dénégation d'écriture.*

Entre A..., demandeur aux fins de..., tendant à ce que le ci-après nommé, en qualité de seul et unique héritier du sieur B..., son père, soit condamné à lui payer la somme de cent quatre-vingt-dix francs, contenue au billet entièrement écrit de la main dudit Paul, son père, en date du..., enregistré le...,

Et le sieur P..., défendeur..., lequel a requis d'être renvoyé de la demande, attendu qu'il ne reconnaît pas l'écriture du billet susénoncé, ni la signature étant au bas, pour être de la main de son père;

Nous, juge de paix, avons donné acte au sieur B... de sa déclaration qu'il ne reconnaît ni l'écriture ni la signature du billet dont il s'agit, pour avoir été tracées de la main de son père : nous avons à l'instant paraphé et fait parapher ledit billet qui nous a été représenté; renvoyons les parties à se pourvoir sur la dénégation d'écriture devant les juges qui en doivent connaître; sera sursis au jugement de l'instance en payement du billet, jusqu'à celui à rendre sur l'instance en dénégation d'écriture.

(*Sur la pièce dont l'écriture sera déniée, le juge de paix mettra son paraphe et écrira :*)

Paraphé le présent billet, que le sieur..., a dénié avoir été écrit et signé par son père, à notre audience de cejourd'hui, l'an..., le... (*Signatures du juge de paix et du défendeur.*)

142. *Jugement qui donne acte d'une déclaration d'inscription de faux.*

Entre le sieur A... (*nom, prénoms, profession et domicile du demandeur*), demandeur aux fins de la citation du..., enregistrée le..., tendant à ce que le ci-après nommé soit condamné à lui payer la somme de cent quatre-vingt-dix francs, contenue en son billet en date du..., enregistré le..., comparant..., d'une part;

Et le sieur B... (*nom, prénoms, profession et domicile du défendeur*), défendeur aux fins de ladite citation, comparant en personne, lequel a requis le renvoi de la demande, attendu que la signature étant au bas du billet représenté n'est pas la sienne, et nous a déclaré vouloir s'inscrire en faux contre le billet, si le demandeur persiste à vouloir s'en servir.

Le sieur A..., demandeur, a répliqué que la signature apposée à l'acte susénoncé est celle du défendeur, et qu'il entend se servir du billet, comme reconnaissance de la somme par lui demandée...

Nous, juge de paix, avons donné acte au sieur..., défendeur, de sa déclaration qu'il entendait s'inscrire en faux contre le billet susénoncé, en date..., enregistré le..., nous avons à l'instant paraphé et fait parapher ledit billet qui nous a été représenté; renvoyons les parties à se pourvoir, pour l'inscription de faux, devant les juges qui en doivent connaître; et sera sursis au jugement du fond, jusqu'après le jugement de l'instance sur l'inscription de faux.

(*Sur la pièce contre laquelle l'une des parties déclare vouloir s'inscrire en faux, le juge de paix mettra son paraphe et écrira :*)

Paraphé le présent billet, contre lequel le sieur B... a déclaré vouloir s'inscrire en faux, à notre audience de cejourd'hui..., le... (*Signatures du juge de - paix et du défendeur.*)

143. *Jugement définitif contradictoire.*

Justice de paix du canton de..., département de... Audience tenue publiquement, à l'heure accoutumée, en l'auditoire ordinaire du tribunal (*si le jugement était rendu ailleurs, l'énoncer*), le... du mois de..., an mil huit cent..., par nous..., juge de paix..., avec l'assistance de M..., greffier de cette justice de paix. (*Cet intitulé, mis en tête de la feuille, sert pour tous les jugements qui y sont portés; il est inscrit dans l'expédition de chaque jugement.*)

Entre le sieur A ... (*prénoms, nom, profession et domicile du demandeur*), aux fins de la citation en date du..., enregistrée le..., tendant à ce que le défendeur B... soit condamné à lui payer la somme de quarante-huit francs, à lui due par acte sous seing privé du..., enregistré le..., ensemble les intérêts de ladite somme, à compter de ce jour (*ou bien* tendant à ce que...), comparant en personne, *ou par*... (*prénoms, nom, profession et domicile du fondé de pouvoir*), son fondé de pouvoir..., suivant acte du..., enregistré à..., le..., d'une part;

Et le sieur B... (*prénoms, nom, profession et domicile du défendeur*), défendeur aux fins de la même citation, comparant en personne, *ou par*... (*prénoms, nom, profession et domicile du fondé de pouvoir*), son fondé de pouvoir, suivant acte du..., enregistré à..., le..., d'autre part, lequel (*on insérera son dire*) a dit que...

Nous, juge de paix, considérant (*on détaillera les motifs*), en droit, 1°...; 2°...; 3°... En fait, 1°...; 2°...; 3°...

Condamnons le sieur B... à payer au sieur A... la somme de quarante-huit francs, contenue en son billet sous seing privé du..., enregistré à..., le..., par..., qui a perçu..., pour les droits; ensemble les intérêts de ladite somme, à compter du..., date de son exploit (*ou bien disons que...*).

Condamnons le sieur... aux frais de la présente instance, liquidés à la somme de..., y compris le coût de la délivrance et de la signification du présent jugement.

Ainsi jugé (*lorsque le jugement est rendu en matière non sujette à l'appel, on ajoutera*: en dernier ressort) par nous..., juge de paix, en présence du sieur..., demandeur..., et du sieur..., défendeur.

(*Si l'une ou même les deux parties ne sont pas présentes à la prononciation (ce qui peut avoir lieu lorsqu'il y a un renvoi d'audience), il en sera fait mention ainsi:* en l'absence de toutes les parties.)

Le... mil huit cent..., et avons signé avec notre greffier.

144. *Jugement prononçant la contrainte par corps.*

... Condamnons le sieur B... à payer, etc... Ordonnons que, pour la restitution de cette somme, ledit sieur B... sera contraint par toutes les voies de droit et par corps; le condamnons, en outre, aux frais de la présente instance, liquidés à... (*La suite comme ci-dessus.*)

145. *Jugement prononçant l'exécution provisoire ou l'exécution sur la minute.*

Ordonnons, conformément à l'article 11 de la loi du 25 mai 1838, que le présent jugement sera exécuté par provision, nonobstant et sans préjudice de l'appel, sans donner caution.

(*S'il y a lieu à exiger caution, il faut substituer à ces derniers mots, ceux-ci :* A charge par lui de donner caution.)

(*Si l'exécution est ordonnée sur la minute, on ajoute :*)

Ordonnons l'exécution sur la minute.

146. *Jugement pour pension alimentaire.*

La cause a présenté les questions suivantes :

1° Y a-t-il lieu d'accorder à A... la pension alimentaire qu'il demande ?

2° Quelle doit être la quotité de cette pension ?

3o La condamnation doit-elle être solidaire ?

4° *Quid* des dépens ?

Nous, juge de paix, après avoir entendu le demandeur et les défendeurs en leurs conclusions respectives...,

Considérant...

Par ces motifs, condamnons, par jugement en premier ressort, Pierre A... à payer à Jacques A..., son père, une somme de 48 francs par an ; Paul A... et Marie B..., son épouse, la somme de 35 francs ; Lucien A..., celle de 25 francs, à titre de pension annuelle et alimentaire, et ce de trois mois en trois mois et d'avance, à partir du jour de la citation ; condamnons, en outre, tous les défendeurs aux dépens liquidés à...

147. *Jugement relatif à une demande d'un voyageur contre une entreprise de messageries, pour dommage et perte d'effets.*

Entre le sieur A..., lequel a dit que, par exploit de ce jour, du ministère de..., et en vertu d'une cédule par nous délivrée le même jour, qui seront enregistrés avant le présent, il a fait citer la Compagnie des messageries générales, dont le siége est à Paris, rue Saint-Honoré, n° 130, en la personne du sieur B..., directeur du bureau de cette ville, y demeurant, rue..., et le sieur K..., conducteur, employé aux mêmes messageries, pour : Attendu que la nuit dernière la voiture des messageries générales, conduite par ledit sieur K..., a versé par sa faute, en arrivant à l'hôtel des messageries, rue...; que la malle du comparant a été brisée, et que presque tous les effets qu'elle contenait ont été endommagés ou perdus ; que le dommage par lui éprouvé monte à la somme de 600 francs, ainsi qu'il sera prouvé, soit par experts, soit par témoins, si le fait est dénié ; se voir condamner solidairement le sieur K..., et la Compagnie des messageries générales, représentée par le sieur B..., à lui payer ladite somme de 600 francs et aux dépens, demandeur, d'une part ;

Le sieur B..., directeur des messageries générales, demeurant..., et le sieur K..., conducteur, demeurant..., défendeurs, d'autre part ;

Le sieur A..., après les conclusions de son exploit de citation ci-dessus rap-
portées...

Par le sieur B..., a été répondu...

Par le sieur K..., a été également répondu...

Nous, juge de paix, considérant que l'accident qui a donné lieu à la demande
du sieur A... n'est pas dénié ; que cet accident est arrivé par la faute du
conducteur, qui n'a pas dévissé à temps la mécanique ; qu'il est nécessaire de
nommer un expert pour estimer le dommage causé au sieur A...;

Avons ordonné que la malle et les effets du sieur A... seraient immédiatement déposés dans le lieu de nos séances ; et en même temps nous avons
nommé d'office, pour apprécier le dommage éprouvé, le sieur H..., marchand
de meubles, demeurant en cette ville, rue..., no..., lequel, informé de cette
commission, s'est présenté, a déclaré l'accepter ; et les susdits objets ayant été
apportés, il a, de notre injonction, et après avoir prêté le serment préalable,
procédé, en notre présence et en celle des parties, à un examen détaillé, et nous
a déclaré que les avaries causées consistent : 1o...; 2o...; 3o... (*Le jugement
étant sujet à l'appel, procès-verbal doit être dressé du rapport de l'expert.*)

Après quoi ledit expert a signé son rapport avec nous et le greffier.

Après avoir entendu de nouveau les dires et observations des parties ; considérant...

Par ces motifs, procédant à charge d'appel, condamnons le sieur K... et la
Compagnie des messageries générales, représentée par le sieur B..., à payer
solidairement au sieur A... la somme totale de 300 francs, avec intérêts du
jour de la citation, pour le montant du dommage par lui éprouvé ; les condamnons, en outre, aux dépens liquidés à..., y compris les frais de retrait et signification du présent jugement. — Ainsi jugé, etc.

148. *Jugement d'expulsion sur congé non contesté.*

Nous, juge de paix...,

Attendu que le congé est régulier, et donné en temps utile ; attendu que le
prix du bail est de..., et que l'action rentre, par conséquent, dans les limites
de notre compétence, aux termes de l'article 3 de la loi du 25 mai 1838 ;

Disons que, sur la signification de notre jugement, *ou* dans le délai de...
jours, à compter de la signification (*si le jugement est rendu par défaut*), le
sieur... quittera et videra les lieux, justifiera de l'acquit des charges locatives, et remettra les clefs ; sinon, autorisons le sieur... à l'expulser des lieux ;
à faire procéder, s'il y a lieu, à l'ouverture des portes avec l'assistance du
commissaire de police du quartier, et au besoin de la force armée ; (*s'il n'est rien
dû, ou si les objets sont sans valeur :*) à mettre les meubles sur le carreau ;
(*ou si des loyers sont dus, ou si les objets ont de la valeur :*) à séquestrer les effets mobiliers qui en sont susceptibles, pour sûreté des loyers dus et des charges
locatives ; (*on peut ajouter :*) à faire constater et estimer les réparations locatives par le commissaire de police ou par..., experts que nous nommons et
dispensons d'office du serment, à cause de l'urgence, y procéder sous la surveillance de l'expert, qui réglera les mémoires des ouvriers ; et notre jugement
sera exécuté sur la minute par provision, nonobstant appel et avant l'enregistrement, attendu l'urgence, à la charge de le faire enregistrer dans les délais voulus.

Les jour, mois et an que dessus, et nous avons signé, etc. (*Signatures du juge de paix et du greffier.*)

149. *Jugement sur demande d'expulsion en cas de décès.*

Nous, etc. : — Attendu que le congé est régulier et donné en temps utile ; que le prix du bail est de..., et que l'action rentre, par conséquent, dans les limites de notre compétence, aux termes de l'article 3 de la loi du 25 mai 1838 ; attendu que le décès du locataire et l'apposition des scellés ne peuvent faire obstacle à l'exécution du congé et suspendre l'exercice des droits du propriétaire ; qu'il est urgent de mettre le nouveau locataire en possession des lieux...

Disons que dans les... jours, à compter de ce jour (*si le jugement est contradictoire*), de la signification de notre jugement (*s'il est par défaut*), le sieur... (*héritier*) fera procéder à la levée des scellés, videra les lieux, remettra les clefs et justifiera de l'acquit des loyers et autres charges locatives ; sinon autorisons le sieur... (*propriétaire ou principal locataire*) à faire procéder, en présence des intéressés ou eux dûment appelés, par..., huissier audiencier, et en présence du notaire qu'il aura fait nommer, s'il en est besoin, pour représenter les héritiers absents, à la levée des scellés sans description, à mettre les meubles sur le carreau ou à les transporter dans tel lieu qu'il jugera convenable, ou dans le lieu (*par exemple, la salle des commissaires-priseurs*) que nous indiquons, aux risques de qui il appartiendra, et, faute de payer les loyers et de justifier de l'acquit des charges, et de faire les réparations locatives, s'il y a lieu, à les saisir-gager ou séquestrer dans tel lieu qu'il jugera convenable, *ou* dans (*le lieu*) que nous indiquons, aux risques de qui il appartiendra ;

Disons que les papiers seront remis aux parties intéressées (*ou* sous état sommaire dressé par le procès-verbal de scellés, à Me..., notaire, *ou* déposés, sous scellé, au greffe de la justice de paix), après avoir pris, s'il y a lieu, les renseignements nécessaires pour connaître les ayants droit.

(*Si la succession est abandonnée parce que l'actif suffit à peine au payement des frais privilégiés de justice et des loyers, on ajoute :*) Autorisons le sieur... (*propriétaire ou principal locataire*) à faire procéder à la description des objets mobiliers sur le procès-verbal d'apposition de scellés, à mettre les meubles sur le carreau, etc. (*comme ci-dessus*) ;

Et notre jugement sera exécuté, etc. (*Comme à la précédente formule.*)

150. *Jugement d'avant faire droit, ordonnant la visite des lieux loués, en cas d'abandon.*

Nous, etc. :— Attendu qu'il est nécessaire de vérifier si le locataire a abandonné les lieux loués, et s'ils sont fermés, s'ils sont garnis de meubles ou marchandises de valeur suffisante pour garantir le payement des loyers ;

Au principal, et par provision,

Disons que, par le commissaire de police du quartier (ou par..., huissier audiencier, *ou* par..., commissaire-priseur), les lieux seront visités à l'effet de constater si le locataire a abandonné les lieux, s'ils sont fermés, s'ils sont garnis de meubles ou marchandises de valeur suffisante pour répondre du payement

des loyers, et, le procès-verbal rapporté, être requis et statué ce que de droit;
Et notre jugement, etc.

151. *Jugement d'expulsion en   a de faillite.*

Nous, etc. : —Attendu qu'il y a congé régulier et donné en temps utile pour le...
prochain ; que la faillite du locataire et l'apposition des scellés ne peuvent suspendre l'exercice des droits privilégiés du propriétaire et faire obstacle à l'exécution du congé ; qu'il est urgent de mettre le nouveau locataire en possession
des lieux;

Disons que dans les... jours, de ce jour (*si l'ordonnance est contradictoire*), ou
de la signification de l'ordonnance (*si elle est par défaut*), le sieur... (*le failli*) et
ses syndics feront procéder à la levée des scellés, videront les lieux, remettront
les clefs et justifieront de l'acquit des loyers et autres charges locatives; sinon,
autorisons le sieur... (*propriétaire ou principal locataire*) à faire procéder en
présence du sieur..., ou de ses agents ou syndics, ou eux dûment appelés, par...,
huissier audiencier, à la levée des scellés sans description, à mettre les meubles
sur le carreau, *ou* à les transporter dans tel lieu, etc.

Disons que les papiers seront remis aux syndics, sinon déposés, sous scellés,
au greffe de la justice de paix.

(*Si la faillite est abandonnée parce que l'actif suffit à peine au payement des frais
et des loyers, on ajoute :*) Autorisons le sieur... (*propriétaire ou principal locataire*)
à faire procéder à la description des objets mobiliers sur le procès-verbal d'apposition de scellés, et à mettre les meubles sur le carreau, etc. (*Comme ci-dessus.*)

152. *Requête pour avoir l'autorisation de saisir-gager.*

A M. le juge de paix du canton de...

Le sieur A..., demeurant à..., propriétaire de la maison où il demeure,

A l'honneur de vous exposer que le sieur B..., son locataire, sans bail, en
ladite maison, lui doit deux termes de loyer, échus le..., et formant une
somme de..., ledit loyer étant de cent quatre-vingt-dix francs par an ;

Que l'exposant vient d'apprendre que ledit B... se dispose à faire enlever
ses principaux meubles et effets pour les soustraire aux poursuites et garanties de l'exposant.

C'est pourquoi il demande qu'il vous plaise lui permettre de faire saisir-
gager à l'instant, et sans commandement préalable, en vertu de l'article 819
du Code de procédure, tous les meubles et effets garnissant les lieux loués au
sieur B..., dans ladite maison, rue..., et ce pour sûreté, conservation, et
avoir payement de la susdite somme de... et des frais. (*Signature du requérant,
ou mention qu'il ne sait signer.*)

153. *Ordonnance.*

Nous, juge de paix,

Vu la requête ci-dessus, l'article 819 du Code de procédure civile, et l'article 10 de la loi du 25 mai 1838,

Autorisons à saisir-gager, sans commandement préalable, et aux risques et périls du requérant, les meubles et effets du sieur..., qui se trouvent dans l'appartement par lui occupé.

Donné à..., le... (*Signature du juge.*)

(*Si, au lieu de meubles, il s'agissait de fruits ou grains coupés, encore étendus sur le sol, on dirait :*)

Autorisons à saisir, sans commandement préalable, et aux risques et périls du requérant, les blés, fourrages ou fruits actuellement coupés ou détachés étant encore sur... (*Désigner les terres.*)

154. *Jugement de validité de saisie-gagerie.*

Entre le sieur A..., demandeur,

Et le sieur B..., défendeur;

Le sieur A... a exposé qu'ayant verbalement loué au sieur B... le second étage de la maison qu'il occupe à..., rue..., il se trouve son créancier pour deux années de loyer, s'élevant ensemble à cent quatre-vingt-dix francs; que, n'ayant pu obtenir payement, il a, en vertu de notre ordonnance, en date du..., enregistrée, fait saisir-gager les meubles et effets dudit sieur B..., par exploit du..., enregistré; que, par le même acte, celui-ci a été cité à comparaître à la présente audience pour voir déclarer ladite saisie bonne et valable, voir ordonner la vente des meubles saisis, et se voir condamner aux dépens.

Par ledit sieur B... a été répondu qu'il se trouve effectivement en retard de payer les deux termes de loyer qui lui sont demandés, mais qu'il sera en mesure de se libérer dans un mois, et qu'il demande que l'époque de la vente des effets saisis soit différée jusqu'alors.

Nous, juge de paix,

Attendu...

Par ces motifs, procédant à charge d'appel, déclarons bonne et valable la saisie-gagerie établie sur les meubles et effets du sieur B..., ordonnons que les effets saisis seront vendus suivant les formes légales, sauf qu'il sera sursis à cette vente pendant un mois à compter de ce jour, et condamnons le sieur B... aux dépens liquidés, etc.

155. *Jugement sur une demande en complainte.*

Le sieur A..., demandeur, a exposé qu'en vertu d'un jugement interlocutoire par nous rendu le..., enregistré, il a été procédé par nous le... à la visite des lieux contentieux, en présence des parties, conjointement avec les experts par nous nommés d'office; qu'en même temps il a été procédé à l'enquête prescrite, ainsi que le tout résulte d'un procès-verbal par nous tenu ledit jour, lequel a été enregistré; et attendu qu'il résulte de cette double opération, d'une part, que les dommages par lui éprouvés se portent à une somme de..., et que, d'autre part, les autres demandes formées par lui sont pleinement justifiées, il conclut à l'adjudication des conclusions par lui prises dans son exploit introductif d'instance avec dépens;

Par le sieur B... a été dit qu'en vertu du même jugement interlocutoire il a été procédé, suivant le même susdit procès-verbal, à la contre-enquête à laquelle il avait été admis; et attendu qu'il résulte non-seulement de ladite

contre-enquête, mais de l'enquête elle-même, que depuis plus d'an et jour le
sieur B... se trouve en possession du terrain sur lequel il a coupé la récolte
qui donne lieu au procès, le maintenir dans cette possession, et condamner le
demandeur aux dépens ;

Nous, juge de paix,

Considérant que le sieur A... est en possession, depuis plus d'une année,
d'une pièce de terre située à..., lieu dit..., de la contenance de..., touchant
au nord..., au midi..., au levant..., au couchant...;

Considérant que le sieur B... a usurpé, ainsi que cela résulte de l'enquête
et de la visite des lieux auxquelles nous avons procédé, partie de ladite pièce de
terre, en l'ensemençant, en coupant la récolte, dont il veut s'approprier le
produit ;

Par ces motifs, statuant à charge d'appel, autorisons le sieur A... à repren-
dre la possession des deux raies de terre dont le défendeur s'est emparé indûment ; faisons défense au sieur B... de l'y troubler à l'avenir, et le condamnons
à payer audit sieur A... la somme de trente francs, à titre de dommages-intérêts, et aux dépens liquidés à...

156. *Jugement sur une demande en réintégrande.*

Nous, juge de paix, attendu que le sieur B... s'est permis, le..., de com-
bler un fossé qui sert de fermeture à une partie appelée..., située à..., de la
contenance de..., tenant... (*indiquer tenants et aboutissants*), dont le sieur A...
était en possession paisible, et dont il jouissait depuis un temps immémorial
par lui et par ses auteurs, et notamment depuis an et jour avant le trouble
apporté par ledit sieur B..., ainsi que le trouble et la possession résultent de
l'enquête et de la visite des lieux auxquelles nous avons procédé ; que cette
voie de fait donne lieu, au profit du sieur A..., à l'action en réintégrande ;

Par ces motifs, statuant à charge d'appel, disons et ordonnons que le sieur
A... sera réintégré dans la possession de ladite prairie, ensemble du fossé qui
lui sert de clôture, lequel sera rétabli aux frais du sieur B..., dans le même et
semblable état où il était avant ladite entreprise ; et, faute de ce faire dans le
délai de trois jours de la signification du jugement à intervenir, autorisons le
sieur A... à mettre dans les lieux dont s'agit des ouvriers en nombre suffisant,
pour, sous la direction de..., expert par nous commis à cet effet, opérer le
rétablissement du fossé au même et semblable état qu'avant le trouble, lequel
expert réglera les mémoires des ouvriers, pour le montant desdits mémoires,
d'après la taxe, être répété contre le défendeur par toutes les voies de droit ;
condamnons en outre le sieur B... en soixante francs de dommages-intérêts,
le tout même par corps, et aux dépens, etc.

157. *Jugement sur dénonciation de nouvel œuvre.*

Nous, juge de paix...

Considérant que c'est à tort que le sieur B... s'est permis d'établir un barrage
sur la rivière de..., dont le sieur A... avait la jouissance depuis plus d'an et
jour ; que ce barrage arrête le courant de la rivière et empêche le moulin du
sieur A... de fonctionner comme à l'ordinaire ; que les faits résultent de l'enquête et de la visite des lieux auxquelles nous avons procédé ;

Considérant que le sieur B... n'a pas le droit, d'après ses titres, d'établir le barrage, qui n'a jamais existé ;

Par ces motifs, statuant à charge d'appel, ordonnons que ledit barrage sera détruit dans les trois jours du jugement à intervenir ; et, faute de ce faire, autorisons le sieur A... à le faire enlever lui-même aux frais du défendeur ; et, pour le préjudice causé au sieur A..., condamnons le défendeur en cinquante francs de dommages-intérêts, et aux dépens liquidés à...

158. *Jugement qui ordonne le bornage.*

... **Par** ces motifs, nous, juge de paix, statuant en premier ressort, ordonnons qu'il sera procédé à l'arpentage (*lorsque cette opération n'est pas nécessaire, on supprime ce mot*) et au bornage des propriétés respectives ci-dessus désignées, et ce d'après les titres qui seront produits, et, à défaut, d'après la possession respective. Disons que cette opération aura lieu le..., et nommons pour nous assister le sieur..., ou les sieurs..., géomètres, lesquels, avant de procéder, prêteront en nos mains le serment préalable, pour être statué ce que de droit, dépens réservés...

159. *Procès-verbal de bornage et de mesurage.*

Entre A..., demandeur, d'une part,

Et B..., défendeur, d'autre part ;

Par notre jugement contradictoirement rendu le..., qui sera enregistré avec ou avant le présent, nous avons ordonné que cejourd'hui il serait, par nous, en présence des parties et d'après leurs titres, procédé au bornage de la pièce ci-après désignée de A..., d'avec celle de B..., et, à cette fin, au mesurage de ces pièces ; le tout à l'aide des sieurs..., arpenteurs à..., experts que nous avons nommés d'office.

En exécution de ce jugement, nous, juge de paix, nous sommes transporté, accompagné de notre greffier, sur les pièces A... et B..., sises au terroir de..., lieu dit..., aboutissant au chemin conduisant à..., où s'étaient déjà rendus les arpenteurs, et où se sont présentés devant nous A... et B..., qui nous ont représenté leurs titres.

D'après ceux de A..., qui consistent dans un contrat d'acquisition passé devant..., notaire à..., le..., et dans un partage reçu par..., notaire à..., le..., sa pièce doit contenir 25 ares.

Suivant les titres de B..., qui consistent, entre autres, dans un acte de donation entre-vifs, passé devant..., notaire à..., le..., sa pièce doit avoir 31 ares.

Cet examen fait, et après avoir reçu des sieurs... le serment de bien et fidèlement remplir leur mission, nous avons, à leur aide, procédé aux opérations dont il s'agit.

Les pièces des parties ne sont séparées que par un sillon ; celle de A..., qui d'abord a été mesurée, ne contient que 24 ares, en sorte qu'elle éprouve un délicit de 1 are, et la pièce de B..., mesurée à son tour, contient 33 ares ou 2 ares de plus que la quantité indiquée par les titres.

Puis, pour opérer le bornage entre ces deux pièces et de manière qu'un are se trouve distrait sur toute la longueur de la pièce de B..., et réuni à celle de A..., pour lui compléter 25 ares, nous avons placé deux bornes entre lesquelles la démarcation sera en ligne droite, l'une à l'extrémité nord, l'autre au bout vers le midi desdites deux pièces, et qui sont : la première à tant de distance de..., et la seconde à tant de distance de... (*Points invariables autant que possible.*)

Ces deux bornes, en grès brut, sont enfoncées dans le sol de 50 centimètres, et au pied ont été mis des cailloux et des pierrailles.

Au moyen de ce bornage, la pièce de A... se trouve avoir maintenant 25 ares, quantité conforme à son titre, et la pièce de B... se trouve réduite à 32 ares, mesure qui excède encore celle portée dans le sien.

La mission des experts étant terminée, ils ont ici signé, après lecture. (*Signatures des experts.*)

Puis, nous, juge de paix, avons donné acte aux parties de ce qu'elles ont réciproquement déclaré adhérer au bornage tel qu'il vient d'être opéré, et au sieur B... de ce que A... consent qu'il fasse la récolte instante sur la portion de terrain distraite de sa pièce et réunie à celle de ce dernier.

Et, à l'égard des frais, attendu qu'ils doivent être supportés en commun ;

Avons condamné les parties à les supporter chacune par moitié ; lesdits frais taxés et liquidés à...

Ainsi fait et prononcé sur les lieux, par nous..., juge de paix du canton de..., assisté de..., notre greffier, le... (*Signatures du juge et du greffier.*)

(*Si les parties ne sont pas d'accord, le juge de paix fixe seulement la place des bornes sans les faire placer ; il clôt son procès-verbal ainsi :*)

L'opération étant terminée, nous, juge de paix, renvoyons les parties à comparaître à notre audience de... pour y déduire leurs moyens de défense et entendre la prononciation du jugement définitif. Le présent avertissemen devant leur tenir lieu de citation, il sera statué tant en présence qu'en l'absence des parties.

Et de ce que dessus a été dressé le présent procès-verbal, qui a été signé par lesdites parties, par les experts, par nous et notre greffier, après lecture faite.

160. *Jugement définitif sur le bornage.*

Par ces motifs, nous, juge de paix, vidant le renvoi et statuant en premier ressort, vu ce qui résulte de notre procès-verbal de visite des lieux du..., enregistré, disons et ordonnons que les bornes seront plantées aux lieux indiqués audit procès-verbal, et à cet effet commettons le sieur..., un des experts, pour faire exécuter cette disposition, sous la foi du serment par lui déjà prêté ; condamnons chacune des parties en la moitié des dépens liquidés à...., ensemble en la moitié de ceux du présent jugement et de l'opération des experts, y compris le coût des bornes ; et sur les autres demandes, fins et conclusions des parties, les mettons hors d'instance.

161. *Jugement ordonnant qu'un étranger demandeur sera tenu de fournir caution.*

Nous, juge de paix...;

Attendu que le sieur A... est étranger, qu'il n'est point admis à exercer en France les droits civils, et qu'il n'a pas en France de biens qui puissent répondre des condamnations à intervenir contre lui sur la demande qu'il a formée, et que cependant il n'a pas, par son exploit introductif d'instance, offert caution de payer le montant desdites condamnations, comme il y était obligé, aux termes de l'article 16 du Code Napoléon ;

Ordonnons, avant faire droit, que le sieur... sera tenu de..., dans huitaine, pour tout délai, donner bonne et solvable caution, jusqu'à concurrence de la somme de..., pour sûreté des condamnations de frais, dommages-intérêts qui pourraient être prononcés au profit du défendeur contre lui, sur la demande formée par ledit sieur..., suivant exploit de..., huissier, en date du..., dépens réservés; sinon, et faute par ledit sieur... de fournir ladite caution dans le délai ci-dessus, déclarons par le présent jugement, et sans qu'il en soit besoin d'autre, le sieur..., purement et simplement non recevable en sa demande, et le condamnons aux dépens.

Ainsi jugé, etc.

162. *Jugement sur la demande principale et sur la demande incidente en garantie.*

Entre le sieur A... (*prénoms, nom, profession et domicile du demandeur originaire*), demandeur aux fins de la citation du..., enregistrée le..., et le sieur B..., défendeur aux fins de la même citation ;

Et encore entre ledit sieur B..., demandeur en garantie aux fins d'une autre citation du ministère de..., en date du..., enregistrée le..., tendant à ce que..., et le sieur D... (*prénoms, nom, profession et domicile du défendeur en garantie*), défendeur aux fins de ladite citation ;

Ouï le sieur A..., demandeur originaire, lequel a dit qu'il...

Ouï le sieur B..., lequel a conclu à être renvoyé de la demande contre lui formée par le sieur A...; attendu que..., et à ce que, dans le cas où le tribunal estimerait devoir accueillir, en tout ou en partie, la demande du sieur A..., audit cas le sieur D... fût tenu de l'indemniser, aux termes de la demande susénoncée;

Ouï le sieur D..., lequel a conclu à être déchargé de la demande en garantie contre lui formée, attendu que...;

Nous..., considérant : 1º...; 2º...; 3º...

D'une part, condamnons le sieur B... à payer au sieur A... la somme de..., pour..., ensemble les intérêts à compter du..., et les frais liquidés à...

Et, *d'autre part,* condamnons le sieur D... à..., garantir et indemniser le sieur B... des condamnations prononcées contre lui par le présent jugement, en principal, intérêts et frais, et en outre aux frais faits à son égard, liquidés à...

163. *Jugement si la demande principale n'est pas accueillie.*

Entre le sieur A... (*comme ci-dessus*);

Nous..., considérant : 1º...; 2º...; 3º...; renvoyons le sieur B... de la demande contre lui formée par le sieur A...; en conséquence, disons qu'il n'y a lieu à prononcer sur la demande en garantie formée par le sieur B... contre le sieur D...; condamnons, en outre, le sieur A... en tous les dé-

pens, tant de la demande principale que de la demande en garantie, liquidés à...

164. *Jugement, si la demande en garantie est rejetée.*

Entre... (*comme ci-dessus*);
Nous..., considérant : 1°...; 2°...; 3°...
D'une part, condamnons le sieur B... à..., etc.; et, *d'autre part,* renvoyons le sieur D... de la demande en garantie formée contre lui à la requête du sieur B..., et condamnons B... aux dépens envers toutes les parties
liquidés, savoir : ceux du sieur A..., à la somme de..., et ceux du sieur D...,
à la somme de...

165. *Jugement dans le cas où le juge de paix, prononçant sur la demande principale, se déclare incompétent pour prononcer sur la demande en garantie.*

Considérant 1°...; 2°...; 3°...; que la demande en garantie, formée par action principale, ne serait pas de notre compétence, attendu que..., que nous
sommes par conséquent incompétent à raison de la matière..., condamnons,
d'une part, le sieur B..., envers le sieur A..., à...; et, *d'autre part,* pour
être fait droit sur la demande en garantie, renvoyons le sieur B... à se pourvoir contre le sieur D..., par demande principale devant les juges qui en doivent connaître; condamnons en outre le sieur B... aux dépens envers toutes
les parties, liquidés, savoir : ceux du sieur A..., à la somme de..., ceux du
sieur D..., à la somme de..., y compris le coût du retrait et de la signification
du présent jugement, etc.

166. *Acte d'un désistement donné à l'audience.*

Par le demandeur a été dit qu'il déclare se désister purement et simplement
de la demande formée à sa requête par exploit de..., huissier à..., en date
du..., enregistré, ainsi que det oute la procédure qui a suivi ladite demande,
sans cependant entendre préjudicier ni renoncer à ses droits relatifs à l'objet
de ladite demande, se soumettant, en conséquence, ledit sieur A... à payer
tous les frais faits sur la demande dont il se désiste, conformément à la taxe
qui en sera faite par nous.

Le défendeur a déclaré accepter ledit désistement.

En conséquence, nous, juge de paix, donnons acte au sieur A..., demandeur, de son désistement, et au sieur B..., défendeur, de l'acceptation par lui
déclarée.

Ainsi prononcé, en présence des parties, les jour, mois et an que devant, et
avons signé avec notre greffier.

167. *Exécutoire de dépens.*

Nous, etc. ;
Vu notre jugement à l'audience du.... par lequel nous avons condamné le

sieur B... à extirper les plantations par lui faites sur le terrain désigné en cette sentence, et démolir les bâtiments et murs qu'il y avait élevés;

Vu la sommation qui lui a été faite à la requête de Paul A..., demandeur, par exploit de M⁰..., huissier à..., en date du..., enregistré, pour le mettre en demeure de satisfaire à ladite condamnation;

Vu les quittances des sieurs Louis C... et Simon D..., ouvriers chargés d'exécuter lesdits travaux, constatant qu'il leur a été payé par le sieur A... la somme de...;

Vu un état des diverses autres dépenses pour la même cause, s'élevant à la somme de...., payée par le sieur A..., ledit état certifié et signé par lui;

Vu aussi l'article 27 du Code de procédure, disons que, par le premier huissier de ce requis, le sieur B... sera contraint par toutes voies de droit à payer au sieur A... la somme de... pour le remboursement de l'avance des susdites dépenses faites à la charge du sieur B...

Délivré à...

(Cet acte est mis au rang des minutes, et il en est délivré par le greffier une expédition revêtue de la formule exécutoire.)

168. *Réception de caution à la suite du jugement.*

Et à l'instant le sieur A... nous a présenté, pour caution du montant des condamnations prononcées en sa faveur, et dont la restitution pourrait être ordonnée au profit du sieur B..., en cas d'appel, la personne du sieur M... (*prénoms, nom, profession et domicile de la caution*), lequel a dit que par le jugement de la justice de paix de ce canton, en date du..., sujet à l'appel, il avait été prononcé en faveur du sieur A..., contre le sieur B..., différentes condamnations; que le sieur A..., désirant, en cas d'appel, mettre provisoirement à exécution ledit jugement, l'avait présenté et fait recevoir pour caution; qu'en conséquence il fait présentement sa soumission et se rend caution envers le sieur B... de la restitution, en cas d'infirmation sur l'appel, du montant des condamnations auxquelles il serait contraint provisoirement de satisfaire en vertu du jugement susdaté.

Le sieur B... a dit (*moyens du défendeur*);

Nous, considérant..., recevons la personne du sieur M..., présent à notre audience, pour caution de la restitution, au cas d'infirmation sur l'appel, du montant des condamnations qui viennent d'être prononcées en faveur du sieur A... contre le sieur B..., par le jugement ci-dessus.

Et a, ledit sieur M..., déclaré caution, signé (*signature de la caution*) avec nous et le greffier.

169. *Ordonnance du juge de paix prononçant en cas d'urgence.*

L'an..., le...,

S'est présenté devant nous, assisté de..., notre greffier,

Le sieur...,

Lequel nous a exposé que, sur cédule par nous délivrée ce jour, et par exploit du ministère de..., lesquels seront enregistrés avant la présente ordonnance, il a fait citer devant nous : 1⁰ M⁰..., huissier; 2⁰ le sieur... (*le saisi*); 3⁰ le sieur... (*le créancier saisissant*); que, par suite de saisie-exécution, les meubles du sieur... vont être vendus, cejourd'hui, par le ministère dudit Me..., huissier, en la demeure du sieur..., à... heures du...;

Qu'au nombre de ces meubles se trouvent : 1º un coffret garni... (*décrire les meubles revendiqués*), lesquels appartiennent à l'exposant ;

Qu'arrivant à l'instant même de voyage, il n'a pu être instruit de la susdite vente ;

Qu'il lui serait impossible, vu la distance, de se pourvoir en référé devant M. le président du tribunal civil de..., avant que la vente desdits objets fût consommée ;

Qu'il nous requiert donc d'ordonner que, provisoirement, et sauf décision ultérieure du juge, les objets par lui revendiqués seront extraits de la vente.

Et ont comparu également : 1º ledit Me..., huissier, lequel a dit que lesdits objets ayant été saisis sans aucune réclamation, et leur vente ayant été annoncée, il s'en rapportait à notre justice ; 2º le sieur..., saisi, lequel a reconnu que les droits du sieur... étaient fondés ; 3º le sieur..., créancier saisissant, lequel s'est opposé à ce que, vu la réclamation tardive, lesdits objets fussent distraits de la vente.

Sur quoi, nous, juge de paix,

Attendu l'urgence, et vu la disposition de l'article 554 du Code de procédure civile,

Au principal, renvoyons les parties à se pourvoir ; et cependant, dès à présent et par provision, disons que, provisoirement, les objets ci-dessus décrits seront distraits de la vente.

Et notre ordonnance sera exécutée par provision, nonobstant appel, sous caution, sur minute, avant l'enregistrement, vu l'urgence.

Commettons..., huissier, pour surveiller l'enregistrement de notre ordonnance et son dépôt au rang des minutes du greffe de la justice de paix.

Fait à..., le... (*Signatures du juge de paix et du greffier.*)

170. *Procès-verbal d'enquête sur commission rogatoire.*

Aujourd'hui... 18.., heure du..., a comparu Me..., avoué près le tribunal de..., du sieur..., demeurant à..., lequel nous a représenté une expédition dûment en forme exécutoire d'un jugement contradictoire (*ou par défaut*)..., rendu le..., par le tribunal de..., entre ledit C... et le sieur P..., demeurant à..., par lequel il est ordonné que ledit P... fera preuve par témoins devant nous, juge commis et délégué à cet effet, que... (*exprimer l'objet de la preuve*), lequel jugement a été signifié tant à avoué qu'à domicile au sieur C..., ainsi qu'il appert d'un exploit de..., huissier, en date du..., enregistré le..., dont l'original est joint à l'expédition dudit jugement. En conséquence, ledit Me..., avoué, a requis qu'il nous plût déclarer présentement ouverte l'enquête ordonnée, et à cet effet lui délivrer au bas de la requête qu'il nous présente une ordonnance à l'effet de faire appeler les témoins qui doivent déposer sur les faits énoncés dans ledit jugement, et a signé sous toutes réserves. (*Signature de l'avoué.*)

Vu lesquels jugement, signification et requête susmentionnés, avons donné acte à Me... de ses comparutions, dires et réquisition, et lui avons délivré au bas de sa requête une ordonnance permettant d'assigner les témoins par-devant nous, au délai de la loi, et avons signé avec le greffier. (*Signatures du juge et du greffier.*)

Et le..., à... heures du..., devant nous, juge commis, nommé par le jugement susdaté, assisté du greffier, a comparu au prétoire M⁰..., avoué de P..., etc., lequel a dit qu'en vertu de notre ordonnance du..., enregistrée le..., il a, par exploit du ministère de..., huissier à..., enregistré le..., fait citer le sieur... (*la partie adverse*), au domicile de M⁰..., son avoué, à comparaître ces jour et heure, pour être présent à l'enquête ordonnée par le jugement dudit jour, et lui a en même temps notifié les noms et demeures des témoins que le comparant veut faire entendre, avec déclaration qu'il sera procédé, ces jour, lieu et heure, à leur audition ; que par autre exploit du ministère de..., huissier, enregistré le..., il a fait citer à comparaître devant nous les témoins ci-après nommés, pour déposer présentement sur les faits articulés par ledit jugement ; qu'au surplus, ayant rempli toutes les formalités voulues par les lois, il requiert qu'il nous plaise procéder à l'audition de ses témoins, tant en présence qu'en l'absence du sieur C..., contre lequel il sera donné défaut en cas de non-comparution. (*Signature de l'avoué.*)

A aussi comparu M⁰..., avoué du sieur..., lequel nous a déclaré qu'il ne s'opposait point, pour sa partie, à ce qu'il fût procédé à l'audience desdits témoins, et a signé sous toutes réserves. (*Signature de l'avoué.*)

Desquelles comparutions et déclarations nous avons donné acte aux parties ; après quoi, en présence desdits M⁰... et M⁰..., nous avons procédé à ladite enquête et à l'audience des témoins, dans l'ordre qui suit :

PREMIER TÉMOIN.

A comparu le sieur... (*nom, prénoms, profession, âge, demeure*);

Lequel, après avoir prêté serment de dire la vérité, et nous avoir déclaré qu'il n'est parent ni allié, serviteur ni domestique d'aucune des parties, et nous avoir représenté la copie de l'assignation à lui donnée, *a déposé* de vive voix, et séparément des autres témoins, ainsi qu'il suit... (*transcrire la déposition*) ;

Lecture faite au témoin de sa déposition, après lui avoir demandé s'il y persiste, a répondu y persister, comme contenant la vérité ;

Demandé au témoin s'il requérait taxe, a répondu négativement ;

Et a, ledit témoin, signé avec nous et le greffier soussigné. (*Signatures du témoin, du juge et du greffier.*)

DEUXIÈME TÉMOIN.

Le sieur... (*Nom, prénoms, etc., comme ci-dessus.*)

CONSTATATION DE REPROCHES.

Avant qu'il fût passé outre à la déposition de ce témoin, M⁰..., avoué du sieur..., a proposé contre lui les motifs de reproches ci-après (*les énoncer*).

Ledit témoin a répondu, etc.

Sur quoi, nous, juge commis, avons donné acte audit M⁰... du reproche qu'il a proposé contre ledit témoin, et à ce dernier de ses réponses, pour être statué par le tribunal ce qu'il appartiendra. (*Signatures du juge et du greffier.*)

Et de suite nous avons entendu la déposition du sieur..., lequel s'est exprimé de la manière suivante :

(*Énoncer la déposition comme ci-dessus.*)

DÉFAUT CONTRE L'UN DES TÉMOINS.

Après l'audition des témoins susnommés, M^e..., avoué du sieur..., nous a requis, attendu la non-comparution du sieur..., quoique dûment assigné, ainsi qu'il résulte de l'exploit susdaté, qu'il nous plaise donner défaut contre ledit témoin, et pour le profit, le condamner aux dommages-intérêts prononcés par la loi, et ordonner qu'il sera réassigné à ses frais, à tels jour et heure qu'il nous plaira indiquer. Et a signé sous toutes réserves. (*Signature de l'avoué.*)

Sur quoi, nous, juge commis susdit et soussigné, faisant droit à ladite réquisition, avons donné défaut contre ledit sieur..., non comparant, lequel est condamné à 10 francs de dommages-intérêts envers le sieur..., et à 50 francs d'amende, comme aussi autorisons ledit sieur... à le faire assigner de nouveau, à ses frais, à comparaître le...

Fait à... (*Signatures du juge de paix et du greffier.*)

CAS OU UN TÉMOIN FAIT PROPOSER SES MOTIFS D'EXCUSE.

M_e..., avoué du sieur..., assigné pareillement à comparaître comme témoin par-devant nous, nous a exposé que depuis quinze jours ledit sieur... était absent pour affaire de son commerce, et qu'il ne serait de retour que dans cinq jours, et nous a requis de lui accorder ce délai pour comparaître.

Sur quoi, ayant égard aux observations dudit M^e..., nous avons accordé audit sieur... nouveau délai, et nous avons ordonné qu'il serait réassigné à comparaître par-devant nous le..., en conséquence, nous avons continué les opérations de ladite enquête, au... jour où les parties seront tenues de comparaître sans nouvelle assignation, et disons qu'il sera procédé à la nouvelle audition des témoins, tant en présence qu'en l'absence desdites parties.

De tout ce que dessus nous avons dressé le présent procès-verbal, lesdits jour, mois et an, et ont les parties et leurs avoués signé avec nous et le greffier soussigné. (*Signatures des parties, des avoués, du juge et du greffier.*)

NOUVEAU PROCÈS-VERBAL A LA SUITE DU PREMIER, LORSQUE L'ENQUÊTE A ÉTÉ CONTINUÉE DANS LA HUITAINE, OU PROROGÉE A UN DÉLAI PLUS ÉLOIGNÉ.

Et le..., 18.., heure de..., par suite de l'ajournement de nos opérations indiqué dans notre procès-verbal qui précède, par-devant nous, juge susdit et soussigné, assisté de...,

A comparu M^e..., avoué du sieur..., lequel nous a dit qu'en vertu de notre ordonnance, énoncée au procès-verbal qui précède (*ou en vertu du jugement du, etc.*), il avait fait réassigner les sieurs..., etc., et a signé sous toutes réserves. (*Signature.*)

Et à l'instant a aussi comparu M^e..., avoué du sieur..., lequel a déclaré pour sa partie ne point s'opposer à l'audition desdits témoins réassignés, et a signé, sous toutes réserves. (*Signature.*)

Et a également comparu, 1° le sieur..., lequel nous a représenté un certificat du docteur..., constatant l'état de maladie qui l'avait empêché de comparaître le..., et pourquoi il nous suppliait d'être déchargé de l'amende prononcée contre lui.

Sur quoi nous, juge commis, ayant égard à l'excuse légitime et justifiée dudit témoin, l'avons déchargé de l'amende et des dommages-intérêts prononcés contre lui, ainsi que des frais de la réassignation à lui donnée, et avons ordonné qu'il serait passé outre à son audition, ainsi qu'à celle du sieur...

Et à l'instant ils ont déposé ainsi qu'il suit :

1º Le sieur...; 2º le sieur... Comme il ne reste plus de témoins à entendre, nous..., sur la réquisition des parties, avons clos le présent procès-verbal d'enquête lors duquel il a été satisfait aux formalités prescrites par la loi, et notamment par les articles 261, 262, 269, 270, 271, 273 et 274 du Code de procédure civile, et avons signé.

171. *Requête au juge de paix commis pour demander l'ordonnance portant indication des jour, lieu et heure d'une descente sur les lieux, et ordonnance.* C. proc., art. 297 ; Tarif, art. 76.

A M..., juge de paix du canton de..., commis pour la descente sur les lieux ci-après relatée...

Le sieur..., demeurant à...,

A l'honneur de vous exposer que, par jugement contradictoirement rendu entre les parties par la Chambre du tribunal..., en la date du..., dûment enregistré, il a été ordonné, avant faire droit, que la maison de l'exposant, sise à..., serait par vous vue, visitée, et sa position constatée.

Pourquoi il vous plaise, monsieur le juge de paix, indiquer les jour, lieu et heure auxquels il vous plaira procéder auxdites opérations, et vous ferez justice. (*Signature de l'avoué.*)

Ordonnance. — Nous, juge de paix, vu la présente requête, indiquons le... heure de..., etc.

Fait à... le... (*Signature du juge de paix.*)

Nota. Avant la requête, ou plus tard, en la présentant, la partie requérante doit consigner au greffier les frais de transport. — C. proc., art. 301.

Ils sont évalués approximativement par le greffier.

172. *Procès-verbal de prestation de serment des experts devant le juge de paix commis.*

L'an..., le..., heures du matin, par-devant nous, juge de paix du canton de..., assisté de..., greffier...,

A comparu Me..., avoué au tribunal de..., et du sieur..., demeurant à..., lequel nous a dit que, par jugement de la Chambre du tribunal de..., en date du..., enregistré et signifié, contradictoirement rendu entre..., il a été, entre autres choses, ordonné qu'aux requête, poursuite et diligence de..., et en présence des autres parties, ou elles dûment appelées, il serait par..., experts, par le tribunal commis à cet effet, serment préalablement prêté entre nos mains, procédé aux visite, prisée et estimation de..., et que, par le même jugement, nous avons été délégué à cet effet;

Qu'en exécution de ce jugement, et en vertu de notre ordonnance..., en date du..., il a fait faire sommation, savoir : par exploit du ministère de..., huissier à Paris, enregistré, aux sieurs..., de comparaître et se trouver aux jour, lieu et heure par nous indiqués, pour prêter entre nos mains le serment de bien et fidèlement procéder aux visite, prisée et estimation de..., et par acte de..., huissier audiencier, en date du..., enregistré, à M$_e$..., avoué du sieur..., de comparaître et faire comparaître sa partie, si bon lui semblait, auxdits jour, lieu et heure, pour être présente à ladite prestation de serment.

Pourquoi ledit M$_e$..., audit nom, a requis défaut contre les non comparants, et pour le profit, qu'il fût passé outre à ladite prestation de serment. (*Signature de l'avoué.*)

A aussi comparu M$_e$..., avoué du sieur..., lequel a dit qu'il comparaissait au désir de la sommation à lui faite, et ne s'opposait pas à la réception du serment de MM..., experts, et même en tant que de besoin la requérait, et a signé sous toutes réserves. (*Signature de l'avoué du défendeur.*)

Et à l'instant ont aussi comparu, 1º le sieur..., architecte, demeurant à...; 2º le sieur...; 3º le sieur...;

Lesquels nous ont dit qu'ils comparaissaient au désir de la sommation à eux faite, et offraient de prêter entre nos mains le serment de bien et fidèlement procéder aux opérations à eux confiées par le jugement susdaté, et ont signé. (*Signatures des experts.*)

Desquels comparutions, dires et réquisition, nous, juge de paix susdit et soussigné, avons donné acte aux parties et aux experts, ainsi que du serment prêté par ces derniers de bien et fidèlement remplir la mission qui leur est confiée, et de l'indication faite par eux du..., heure de..., défaut à..., en une maison sise..., pour procéder aux opérations à eux confiées par le jugement susdaté, et avons signé avec le greffier, les jour, mois et an que dessus. (*Signatures du juge de paix et du greffier.*)

Nota. Quand les parties ou leurs avoués comparaissent, il faut constater leur présence au procès-verbal, parce qu'alors l'indication faite par les experts du jour où ils procéderont à leurs opérations vaut sommation.

173. *Acte de dépôt, au greffe, d'un procès-verbal de rapport d'expert.* C. proc., art. 319.

L'an..., le..., au greffe, a comparu M..., architecte, demeurant à...,

Lequel, conformément au jugement du tribunal de..., en date du..., qui a commis M. le juge de paix du canton de... pour recevoir le serment des experts, dans l'instance pendante devant ledit tribunal, entre le sieur... et le sieur..., a déposé en ce greffe la minute d'un procès-verbal en date au commencement du..., clos le... suivant, enregistré...

Ledit procès-verbal contenant le rapport dressé par les sieurs..., experts, des visite, prisée et estimation par eux faites en exécution d'un jugement, etc.

D'une maison sise, etc.;

Duquel dépôt il a requis acte, à lui octroyé, et a signé avec nous, greffier, après lecture. (*Signatures de l'expert et du greffier.*)

174. *Procès-verbal constatant le serment d'une partie reçu par le juge de paix commis.*

L'an..., le..., heures du matin, par-devant nous, juge de paix du canton de..., assisté de..., greffier,

A comparu M⁰..., avoué au tribunal de..., et du sieur..., demeurant à..., lequel nous a dit que, par jugement de la..., Chambre du tribunal de..., en date du..., enregistré et signifié, contradictoirement rendu entre..., il a été, entre autres choses, ordonné qu'aux requête, poursuite et diligence de..., et en présence des autres parties, ou elles dûment appelées, il serait, par le sieur..., affirmé par serment que... Et que par le même jugement nous avons été délégué à l'effet de recevoir ledit serment.

Qu'en exécution dudit jugement et en vertu de notre ordonnance, en date du..., il a, par exploit du ministère de..., huissier audiencier, en date du..., enregistré, fait sommation à M⁰..., avoué du sieur..., de comparaître et faire comparaître la partie, si bon lui semblait, auxdits jour, lieu et heure, pour être présente à ladite prestation du serment.

Pourquoi ledit M⁰..., audit nom, a requis défaut contre les non-comparants, et, pour le profit, qu'il fût passé outre à ladite prestation de serment. (*Signature de l'avoué.*)

A aussi comparu M⁰..., avoué du sieur..., lequel a dit qu'il comparaissait au désir de la sommation à lui faite, et ne s'opposait pas à la réception du serment du sieur..., et même en tant que de besoin la requérait, et a signé sous toutes réserves. (*Signature de l'avoué du défendeur.*)

Après quoi, sur notre interpellation ainsi conçue..., le sieur... a répondu : Oui, je le jure !

Desquels comparution, dires et serment, nous, juge de paix susdit et soussigné, avons donné acte aux parties et dressé le présent procès-verbal que nous avons signé avec le greffier, les jour, mois et an que devant. (*Signatures du juge de paix et du greffier.*)

175. *Rapport du juge de paix délégué pour prendre connaissance des livres d'un commerçant et dresser procès-verbal de leur contenu.*

1⁰ Aujourd'hui, etc.,

Nous, etc.,

Sur la réquisition du sieur Charles A..., négociant, demeurant à...,

Vu l'expédition en forme authentique du jugement rendu par le tribunal de commerce de..., en date du..., enregistré, et par lequel nous sommes délégué pour vérifier le livre-journal dudit sieur A..., et en constater l'état.

2⁰ En vertu de cette commission, nous nous sommes transporté au domicile dudit A..., où étant, il nous a représenté le livre dont il s'agit, à l'examen duquel nous avons procédé comme il suit :

Le livre contient quatre cents feuillets, dont trois cent cinquante feuillets sont écrits et les autres en blanc.

Pour en garantir l'identité et assurer son état actuel, nous l'avons visé, coté et parapné *ne varietur*, sur le revers du trois cent cinquantième feuillet, immédiatement après le dernier article écrit.

Après avoir parcouru tous les feuillets écrits, nous avons remarqué qu'il existe plusieurs ratures, surcharges, interlignes, renvois, notamment aux pages...

Nous portant à la page cent deuxième, où se trouve l'article qui donne lieu à la contestation, nous avons reconnu que ledit article est conçu en ces termes... (*Copier cet article.*)

De tout ce qui précède, nous avons dressé le présent procès-verbal pour valoir ce que de droit, et avons signé avec le greffier, à..., les jour, mois et an susdits.

176. *Jugement sur une affaire d'octroi.*

Entre le sieur A..., demandeur,

Et le sieur B..., fermier de l'octroi de la ville de..., défendeur.

Par le demandeur a été dit qu'au moment où il passait devant le bureau de l'octroi, situé au faubourg de Paris, en ladite ville, le préposé lui a demandé s'il portait quelque chose soumis aux droits d'octroi ; à quoi le sieur... a répondu négativement, ajoutant néanmoins qu'il avait dans sa voiture deux hectolitres de..., mais que cette denrée n'était pas soumise aux droits d'octroi. Le préposé ayant prétendu le contraire, le comparant, pour se conformer à la loi, a payé par forme de consignation une somme de..., dont il nous a représenté la quittance. Mais, ne croyant pas devoir cette somme, il a cité ledit sieur..., fermier de l'octroi, à se présenter devant nous, par exploit de..., en date du..., enregistré, en tête duquel il a été donné copie de la susdite quittance.

Par ledit sieur..., fermier de l'octroi, a été répondu que, d'après le tarif, etc.

Nous, juge de paix, vu la quittance à nous présentée,

Considérant...;

Par ces motifs, statuant en... ressort, ordonnons que ledit sieur..., fermier des droits d'octroi de la ville de..., remboursera au sieur... la somme de..., mal à propos perçue, et condamnons ledit fermier aux dépens.

177. *Procès-verbal de saisie avec citation en matière de douanes.*

L'an... (*jour, mois, heure*), à la requêt ede M. le directeur de l'administration des douanes, dont le bureau est à Paris, poursuite et diligence de M. le receveur principal... (*nom, prénoms, domicile*), au bureau duquel il fait élection de domicile pour les suites du présent, nous, soussignés... (*noms, prénoms*), préposés au poste de la douane de..., certifions que vers... heures du matin (*ou de relevée*) (1), nous avons... (*On expose les faits et toutes les circonstances,*

---

(1) *Si la saisie est faite dans une maison, on met :* Etant accompagnés de M..., juge de paix (*ou maire*) de..., nous sommes rendus dans la maison du sieur..., située..., où nous soupçonnions qu'il existait un entrepôt défendu par la loi. Déclaration faite de nos qualités et de l'objet de notre mission audit sieur... qui se trouvait dans ladite maison, nous l'avons sommé d'être présent à la recherche que nous allions faire chez lui avec M...,

des susdits préposés, et en présence du sieur B..., a de nouveau déclaré saisie, en offrant mainlevée de tout sous caution solvable, ou bien en consignant la valeur des trois bêtes de trait, de la charrette, du sucre et des autres marchandises qu'elle contenait, consistant en... et droits de consommation, estimés à l'amiable à la somme de trois mille francs, ce qui a été accepté par le sieur B..., lequel nous a représenté pour caution le sieur N..., qui s'est engagé à payer entre les mains du sieur A..., receveur de ladite douane, ladite somme de trois mille francs, montant des objets saisis, de plus tous les frais faits et à faire, et toute autre somme que l'administration exigerait pour ladite contravention ; qu'à la suite de la rédaction du procès-verbal, ledit B... a été assigné à comparaître à la présente audience pour entendre prononcer la confiscation des objets saisis, se voir en outre condamner à l'amende de... francs, avec le décime en sus, et de plus aux dépens par application de l'article... du décret du..., et ce à quoi ledit A..., comparant, a conclu à l'audience.

Le sieur B..., défendeur, comparant, a dit que les trois cents kilogrammes de sucre avaient été introduits furtivement dans sa voiture, et il a demandé à être relaxé de la demande et de la prévention.

Nous, juge de paix, considérant que le procès-verbal dressé par les préposés a été légalement et régulièrement fait et affirmé ; qu'il est constant que trois cents kilogrammes de sucre se trouvaient dans la voiture, sans qu'il fût muni de l'expédition des douanes en autorisant le transport ; que les excuses ne sont pas d'ailleurs admises en matière de contravention de douane ; que dès lors il y a lieu de faire audit sieur B... l'application de l'article... du susdit décret ;

Par ces motifs, jugeant contradictoirement et à charge d'appel, et disant droit aux conclusions du sieur A..., receveur des douanes, déclarons bonne et valable la saisie faite le 20 mai courant, au préjudice dudit B..., ordonnons la confiscation des objets saisis, et condamnons ledit B... en l'amende..., le décime en sus, et aux dépens liquidés à..., aux frais d'enregistrement, de timbre, d'expédition et signification du présent jugement.

Ainsi jugé et prononcé...

181. *Jugement qui règle l'indemnité à payer au propriétaire riverain d'un chemin vicinal.*

Audience du..., tenue par..., assisté de..., greffier.

En la cause de A...,

Contre la commune de..., représentée par M..., maire de ladite commune;

Vu l'arrêté de M. le préfet du département de..., en date du..., portant reconnaissance et fixation de la largeur du chemin vicinal allant de... à...;

Vu le mémoire adressé par le sieur A..., au profit du département de..., en date du..., et le récépissé du préfet en date du...;

Vu l'autorisation donnée à la commune de...;

Vu la nomination du sieur C..., expert désigné par le sieur A..., et du sieur K..., tiers expert nommé par nous, lesquels ont, suivant procès-verbal en date du..., prêté serment en nos mains de remplir fidèlement leur mission ;

Vu le rapport en date du..., des sieurs C... et D..., experts nommés, le premier, par M. le sous-préfet..., et le second, par le sieur A..., duquel il résulte que ledit sieur C... estime le terrain cédé par A... à raison de deux francs le mètre, et ledit sieur C... à raison de trois francs cinquante centimes le mètre carré ;

Vu également le rapport du sieur K..., tiers expert nommé par nous..., lequel estime les susdits terrains à la somme de deux francs, comme le premier expert ;

Vu la lettre de M. le sous-préfet de... qui nous invite à fixer l'indemnité relative au même terrain ;

Ensemble toutes les autres pièces du dossier ;

Nous, juge de paix, procédant en conformité de l'article 15 de la loi du 21 mai 1836 ;

Attendu que le tiers expert, adoptant l'avis d'un des experts, a fixé à deux francs la valeur du mètre carré du terrain cédé ;

Attendu que cette estimation est juste et conforme au prix moyen auquel sont vendus dans le pays les terrains de même nature ;

Par ces motifs..., disons et ordonnons que l'indemnité pour l'abandon du terrain dont il s'agit est et demeure fixée à la somme de deux francs pour chaque mètre carré ; ce qui, à raison de cent vingt mètres cinquante centimètres, revient à la somme de deux cent quarante et un francs ; condamnons, en conséquence, la commune de... en la personne de M..., maire de ladite commune, à payer au sieur A... la somme de deux cent quarante et un francs, avec intérêts du jour de la demande ; disons également que les frais d'expertise seront à la charge de ladite commune, ainsi que ceux d'enregistrement, expédition et signification du présent jugement.

Ainsi jugé...

182. *Jugement qui déclare exécutoire la décision du jury fixant l'indemnité en cas d'expropriation pour ouverture de chemins vicinaux.*

L'an... et le..., à... heure..., dans le prétoire de la justice de paix du canton de..., en audience publique ;

Nous, juge de paix du canton de..., assisté de notre greffier, le sieur... ;

Vu : 1º le jugement rendu par le tribunal de première instance de... le..., qui a prononcé l'expropriation, pour ouverture du chemin vicinal de grande communication, allant de... à..., sur la poursuite de M. le préfet de..., représentant le..., d'un terrain situé dans le territoire de la commune de..., quartier de..., appartenant au sieur A..., et nous a désigné, aux termes de l'article 16 de la loi du 21 mai 1836, pour présider et diriger le jury spécial chargé, par le même article 16, de régler l'indemnité, en cas d'expropriation, par suite d'ouverture et de redressement des chemins vicinaux ;

2º Les publications et affiches faites en exécution de ladite loi, ensemble les transcriptions sous la date des... du mois de... ;

3º La sommation faite le... au sieur A..., par exploit de..., huissier à..., de communiquer les titres de propriété dudit fonds, et de faire connaître les fermiers ou locataires dudit fonds exproprié, ceux qui ont sur le même fonds des droits d'usufruit, d'habitation ou d'usage, tels qu'ils sont réglés par le Code Napoléon, et ceux qui peuvent réclamer des servitudes sur tout ou partie de l'immeuble exproprié :

4° L'expédition du procès-verbal dressé par le tribunal civil de..., le..., qui a choisi, sur la liste générale, quatre jurés titulaires et trois jurés supplémentaires, pour former le jury spécial chargé de régler l'indemnité due au propriétaire dépossédé du terrain susmentionné,

5° Notre ordonnance en date du..., qui a indiqué à ces jour, lieu et heure, a réunion des jurés et des parties pour procéder à la fixation des indemnités dues à raison desdites expropriations;

6° L'original de la sommation faite par exploit de..., huissier à..., le..., aux sieurs A..., propriétaire, et N..., fermier, de déclarer s'ils acceptaient les offres qui leur étaient faites;

7° Les originaux des sommations faites à la requête de M. le préfet de... (*nom et qualités*), par..., huissier, le... du mois de..., savoir, aux jurés choisis par le tribunal civil de..., qui sont: 1° M. D..., propriétaire, demeurant à..., rue...; 2° M. E..., propriétaire, demeurant à..., rue...; 3° M. F..., ancien notaire, demeurant à..., rue...; 4° M. G..., médecin, demeurant à..., rue...; 5° M. J..., architecte, demeurant à...; 6° M. K..., officier retraité, demeurant à...; 7° M. L..., négociant, demeurant à..., les quatre premiers jurés titulaires, et les trois derniers jurés supplémentaires;

Vu également les originaux des sommations signifiées à la requête de mondit sieur préfet, au propriétaire et au fermier du terrain exproprié le... du mois de..., savoir: au sieur A..., propriétaire, par exploit de..., et au sieur N..., fermier, par exploit de..., de se trouver à ce jour, lieu et heure devant le jury spécial et devant nous;

Toutes les formalités prescrites par la loi pour la convocation des parties et du jury ayant été régulièrement observées, nous avons déclaré ouverte et commencée l'audience publique des expropriations pour cause d'utilité publique;

Les parties présentes, assistées de leurs conseils, nous leur avons déclaré qu'il allait être procédé à l'appel des noms de MM. les jurés.

Le greffier fait l'appel des noms de MM. les jurés, en suivant l'ordre établi par le procès-verbal de nomination, dressé par le tribunal de..., ainsi qu'il suit: *jurés titulaires*, MM...; *jurés supplémentaires*, MM...

A l'appel du nom de M. F..., nous avons fait connaître qu'il a constaté par un certificat de médecin qu'il s'est trouvé dans l'impossibilité d'assister à la séance; nous avons, en conséquence, accueilli ses excuses, et fait rayer son nom de la liste des jurés.

Les jurés titulaires n'étant plus qu'au nombre de trois, nous y avons fait entrer M. J..., premier juré supplémentaire, et la liste définitive s'est ainsi trouvée composée de MM. D..., E..., G..., J..., jurés titulaires, et de MM. K..., et L..., jurés supplémentaires.

Nous avons fait de suite appeler l'affaire du sieur A..., propriétaire d'un fonds de terre sis au quartier de..., et du sieur N..., fermier du même fonds.

Nous avons ensuite déclaré aux parties qu'à l'appel du jury, tel qu'il vient d'être constitué, l'administration d'une part, et le propriétaire et le fermier d'autre part, auraient le droit d'exercer chacun une récusation.

Nouvel appel du jury ayant été fait en conséquence par le greffier, aucune récusation n'a été élevée de part ni d'autre.

Puis, MM. D..., E..., G..., J..., jurés définitifs, ont, chacun à l'appel de son nom, juré en nos mains de remplir leurs fonctions avec impartialité.

Nous avons aussitôt mis sous les yeux du jury le tableau des offres et demandes de l'administration et des parties, ensemble les plans, titres et pièces produits.

M. X..., conseil de l'administration, a soutenu que la demande du sieur A... était exagérée.

M. Z..., conseil du sieur A..., assisté de sa partie présente à l'audience, a persisté dans la demande qui avait été faite de..., et il a développé les motifs qui servent de base à cette demande.

M. T..., conseil de N..., assisté de sa partie présente à l'audience, persiste dans la demande faite par le sieur N... d'une somme de...; il fait valoir les motifs d'après lesquels cette demande n'est point exagérée.

Après répliques et explications de part et d'autre, l'affaire étant suffisamment entendue, nous avons fait observer au jury spécial qu'il pouvait, s'il le jugeait nécessaire, se transporter sur les lieux ou y envoyer une Commission prise dans son sein. Sur la déclaration de vouloir s'y transporter, nous avons suspendu l'audience pendant... heures.

Le jury étant rentré en séance, et personne n'ayant réclamé la parole, nous avons invité MM. les jurés à se retirer avec nous dans la chambre du Conseil pour y délibérer, sans désemparer, sur les affaires qui viennent de leur être soumises.

La séance est suspendue de nouveau. A... heures..., le jury rentre en séance, et nous avons immédiatement donné lecture publique de sa décision, conçue en ces termes, et qui restera annexée au présent procès-verbal :

L'an... et le..., à... heures..., le jury, constitué suivant la loi du 21 mai 1836 pour fixer les indemnités dues à raison des expropriations pour cause d'ouverture du chemin vicinal de grande communication de..., et réuni dans la chambre du Conseil de la justice de paix du canton de..., a fixé, à la majorité des voix, les indemnités dues par l'administration :

1° Au sieur A..., propriétaire du fonds de terre situé au quartier de..., à la somme de...;

2° Au sieur N..., fermier dudit fonds, à la somme de...

Et ont MM. les jurés signé, les jour, mois et an que dessus. (*Signatures.*)

En conséquence et en vertu des pouvoirs qui nous sont donnés par la loi, nous, juge de paix, président du jury susdit et soussigné, déclarons exécutoire la décision dont nous venons de donner lecture; envoyons l'administration en possession du fonds de terre désigné ci-dessus, ayant appartenu au sieur A..., à la charge par l'administration de se conformer aux articles 53 et 54 de la loi du 3 mai 1841; et statuant sur les dépens, condamnons le sieur A... aux trois quarts, et l'administration à l'autre quart de ceux qui ont été faits entre eux, lesquels sont liquidés à..., et le sieur N... à tous ceux qui ont été faits en vue du règlement de sa demande, et dont la liquidation s'élève à...

Après quoi nous avons déclaré la session terminée, levé la séance, et fait et rédigé le présent procès-verbal et jugement que nous avons signé avec notre greffier, les jour et an que dessus. (*Signatures.*)

(*Si le juge de paix a participé à la délibération, en cas de partage, conformément à l'article 16 de la loi du 22 mai 1836, on dira :*)

L'an... et le..., à... heures, le jury institué s'étant trouvé partagé pour la fixation des indemnités dues par l'administration, deux de ses membres les ayant évaluées à... pour le propriétaire, et à... pour le fermier; les deux autres les ayant portées à... pour le premier, et à... pour le second, ce partage a nécessité l'intervention de M. le juge de paix, président et directeur du jury, en vertu de l'article 16 de la loi précitée. Le juge de paix a adopté l'opinion des deux premiers jurés relativement à la fixation de l'indemnité due au sieur A... et l'opinion des deux mêmes jurés, quant à l'indemnité à allouer au sieur N...; en conséquence, et à la majorité des voix, le jury a fixé les indemnités dues par l'administration, 1° au sieur A..., etc.

SECTION II. — Attributions conciliatoires.

183. *Procès-verbal de conciliation.*

L'an 18.., et le... mars..., heures du..., devant nous, juge de paix de..., assisté du greffier de la justice, étant dans notre prétoire; — A comparu L. G..., peintre, demeurant à..., lequel a dit que, par citation de..., huissier, en date du... de ce mois, il a fait citer devant nous, à ces jour, lieu et heure, le sieur D..., rentier, demeurant à..., pour se concilier, s'il y a lieu, sur l'action que lui comparant se propose d'intenter pour le faire condamner à... (*exprimer ici les conclusions de la demande*); attendu que... (*Ici les motifs de cette demande.*) En conséquence, il a requis la comparution dudit sieur D..., aux fins de droit, et a signé.

A aussi comparu le sieur D..., rentier, demeurant à..., lequel a dit que..., *exprimer sommairement sa réponse*), et a signé.

A quoi il a été répondu par le sieur L. G... (*écrire aussi cette réponse*), et a signé.

En cet endroit les parties, s'étant rapprochées par notre médiation, sont convenues de ce qui suit :

Art. 1er... (*Rédiger les conventions par articles séparés, s'il y en a plusieurs.*)

Art... et dernier...

De tout quoi nous, juge de paix..., sur la réquisition des comparants, avons dressé le présent procès-verbal qui a été signé par les parties, par nous et le greffier, après lecture. (*Suivent les signatures. Si les parties ne savent signer, ou l'une d'elles, il faut en faire mention.*)

184. *Procès-verbal en cas de serment déféré.*

S'est présenté le sieur A... (*la comparution du citant comme ci-dessus*);

S'est aussi présenté le sieur B... (*prénoms, nom, profession et domicile du cité*),

Lequel a dit qu'il avait souscrit au profit du sieur A... le billet de cinq cent cinquante francs à lui représenté, mais que le..., il avait payé à compte dudit billet la somme de quatre cent vingt francs par lui remise au sieur M..., qui s'était chargé de la rendre le même jour au sieur A..., qu'ainsi, il ne devait plus que la somme de cent trente francs qu'il offrait payer présentement, déclarant s'enrapporter au serment du sieur A..., sur le payement des quatre cent vingt francs, et a signé. (*Signature du sieur B...*)

Et à l'instant, le sieur A... a juré et affirmé par-devant nous qu'il n'avait pas reçu les quatre cent vingt francs dont il s'agit, du sieur M..., ni au jour indiqué, ni depuis, et lui en avons accordé acte.

Le sieur B... s'est déterminé de payer en notre présence la somme entière de cinq cent cinquante francs audit sieur A..., qui le reconnaît, et a signé. (*Signature du sieur A...*)

Fait à..., lesdits jour et an. (*Signatures du juge de paix et du greffier.*)

(*Si le sieur A... ne veut pas prêter le serment, il en sera fait mention ainsi dans le procès-verbal :*)

Le sieur A... a refusé de prêter le serment à lui déféré par le sieur B..., et a persisté à réclamer les cinq cent cinquante francs contenus au billet par lui représenté.

N'ayant pu parvenir à concilier les parties, etc.

185. *Procès-verbal de conciliation, portant compromis et arbitrage.*

(*Suivre la précédente formule jusqu'à ce qui suit :*)

En cet endroit les parties, s'étant rapprochées par notre médiation, ont stipulé le compromis suivant :

Art. 1er. Il est convenu et accordé que la contestation ci-dessus énoncée, existant entre les parties, sera décidée par la voie de l'arbitrage, en dernier ressort (*ou en première instance*).

Art. 2. Les parties nomment pour leurs arbitres, savoir... (*énoncer les noms, professions et demeures des trois arbitres ; et s'il n'en est nommé qu'un seul, on dit :* Les parties ont nommé pour leur arbitre unique le sieur..., demeurant à..., auquel (*ou auxquels*) elles donnent les pouvoirs nécessaires pour les juger, comme il est dit ci-dessus.)

Art. 3. Les arbitres seront tenus de prononcer leur jugement dans... mois, à peine d'annulation du présent ; à cet effet, les parties s'obligent à remettre à leurs arbitres, dans huitaine, leurs pièces et mémoires, faute de quoi ils pourront juger sans lesdites pièces.

Art. 4. Les arbitres sont dispensés d'observer les formalités de justice ; ils pourront même juger comme amiables compositeurs...

Fait et rédigé le présent procès-verbal, en présence des parties, auxquelles lecture en a été faite par le greffier, et ont lesdites parties signé avec nous. (*Signatures.*)

186. *Procès-verbal de non-conciliation.*

L'an 18.. et le... mars..., heures du..., devant nous... (*suivre la première formule de procès-verbal de conciliation, et après avoir écrit les comparutions des parties, on dit :*)

Et n'ayant pu concilier les parties, nous les avons renvoyées à se pourvoir devant les juges compétents.

Fait et rédigé le présent procès-verbal... (*Le reste comme à la précédente formule.*) (*Signatures.*)

187. *Mention à mettre sur le registre en cas de non-comparution de l'une des parties.*

Citation à comparaître cejourd'hui, donnée le..., à la requête du sieur..., contre le sieur... Défaut contre le sieur... non comparant. (*Signatures du juge de paix et du greffier.*)

AFFAIRES CRIMINELLES

ET DE

SIMPLE POLICE

———✦———

PREMIÈRE PARTIE

AFFAIRES CRIMINELLES (POLICE JUDICIAIRE)

———

§ **1er.** *Actes et procès-verbaux.*
§ **2.** *Mandats d'amener, de dépôts, de comparution.*
§ **3.** *Réquisitions.*
§ **4.** *Taxes et mémoires.*

———

§ **1er. Actes et procès-verbaux.**

188. *Procès-verbal de constat en cas de flagrant délit. — Perquisitions au domicile de l'inculpé et apposition de scellés.* **C. instr. crim., art. 32 et suiv., 49 ou 50.**

L'an mil huit cent..., le..., heure de...,

Nous... (*exprimer la qualité de l'officier qui procède*), officier de police judiciaire, auxiliaire de M. le procureur impérial, assisté de..., notre greffier, instruit par la dénonciation à l'instant faite devant nous par le sieur Jacques **M..** (*si l'avis vient d'une autre part, on met*) : par la plainte rendue devant nous, le... (*ou par l'avis qui nous a été donné, ou par la clameur publique*), qu'un homicide venait de se commettre sur la personne du sieur **A...**, domicilié dans une maison sise en cette commune (*ou ville*), rue..., n°...;

Procédant, en cas de flagrant délit, conformément aux articles 32 et 49 (*ou 50, quand c'est un maire, un adjoint du maire, ou un commissaire de police qui agit*) du Code d'instruction criminelle, nous nous sommes transporté dans ladite maison, dont nous avons fait garder l'extérieur et les issues, avec défense à qui que ce soit de sortir de la maison et de s'éloigner du lieu jusqu'après la clôture de notre procès-verbal, sous les peines de l'article 34 du même Code.

Monté au premier étage par un escalier à droite, au fond de la cour, nous avons été introduit dans un appartement composé de cinq pièces, donnant sur la cour et sur un jardin dépendant de la maison, où nous avons trouvé réunis : 1° le nommé Jean E..., domestique du sieur A...; 2° les sieurs Louis G... et Jean H..., voisins, demeurant dans la maison ; 3° et un individu désigné comme étant celui arrêté par le sieur Jacques M..., dénonciateur, et par son domestique.

Sur notre interpellation, cet individu nous a déclaré se nommer Nicolas B..., etc. Nous l'avons remis entre les mains de la force publique, en recommandant de veiller à ce qu'il ne communiquât avec personne, et ne jetât ou ne détruisît rien de suspect.

En présence tant de cet individu que des personnes ci-dessus nommées, nous avons constaté le corps du délit et ses circonstances, ainsi qu'il suit :

Dans une troisième pièce donnant sur le jardin et servant de chambre à coucher, nous avons vu sur un lit dont les draps, la couverture et les matelas étaient inondés de sang, un cadavre du sexe masculin, que le nommé E..., domestique, et les sieurs G... et H..., voisins du sieur A..., nous ont déclaré être celui dudit sieur A...

L'inculpé a reconnu l'identité du sieur A...

Ce cadavre était couché sur le dos, il était vêtu d'une simple chemise, et coiffé d'un bonnet de coton. La chemise et le bonnet sont ensanglantés ; la chemise est, de plus, percée de trous dans la partie antérieure.

Le sang avait jailli jusque sur la muraille du côté de la ruelle.

Par terre, à peu de distance du lit était un poignard teint de sang, à manche de bois d'ébène, dont la lame est de... centimètres de longueur, et ne porte aucun nom ou marque de fabricant.

Sur une commode, placée à droite en entrant dans la chambre à coucher, était posée une lanterne sourde, toute neuve, en fer-blanc, et garnie d'un verre, lequel se cache au moyen d'une plaque de fer-blanc qui se rabat par-dessus ; dans cette lanterne était un bout de bougie éteint et presque consumé.

Requis par nous de procéder à l'examen des causes de la mort du sieur A..., les sieurs..., docteurs, l'un en médecine, l'autre en chirurgie, ont prêté entre nos mains le serment de faire leur rapport en leur honneur et conscience.

Leur examen terminé, ils nous ont rapporté qu'inspection faite de l'extérieur du cadavre, ils ont reconnu...;

Qu'ouverture faite du cadavre, ils ont trouvé...;

Qu'ayant, sur notre réquisition, rapproché de *telles* et *telles* blessures les trous faits à la chemise dont est vêtu le défunt, ils ont reconnu que ces coupures correspondaient à ces blessures par leur situation et leur direction ; qu'elles avaient la même longueur et étaient faites par le même instrument tranchant ;

Qu'ayant, également sur notre réquisition, rapproché la lame du poignard trouvé dans la chambre des blessures faites au défunt, et des trous observé à sa chemise, ils ont reconnu que la largeur de la lame était de la longueur des plaies et des trous;

Que, d'après toutes ces observations, ils estiment que *telles* et *telles* blessures n'étaient pas mortelles, que *telles* et *telles* étaient essentiellement mortelles et ont causé une mort prompte;

Que *telles* et *telles* blessures, ainsi que *telles* coupures de la chemise, ont été produites par le même instrument tranchant, et que cet instrument est le poignard en question;

Que le nombre des blessures, et surtout la multitude des écorchures qui se voient au visage et aux mains du défunt, font présumer qu'il a cherché à se défendre contre son assassin.

Nous avons requis les hommes de l'art de visiter l'inculpé arrêté; ce qu'ayant effectué, ils nous ont rapporté que son visage, ses mains, son habit, son gilet, sa chemise et sa cravate sont ensanglantés, ce que nous avons nous-même vérifié; qu'il existe à sa main droite et à son poignet gauche plusieurs écorchures, et à *tels* et *tels* doigts de la même main des traces de morsures; que ces écorchures et morsures sont tellement récentes qu'elles sont encore sanguinolentes.

Ce rapport terminé, nous avons observé qu'il n'existait dans les divers objets et meubles de l'appartement aucune effraction ou dérangement qui pût faire présumer qu'on eût eu le temps d'y voler.

Voulant constater comment on avait pénétré dans l'appartement, nous avons remarqué qu'il n'existait à la porte d'entrée aucune trace d'effraction. Une clef était dans la serrure à l'extérieur; cette clef n'étant ni neuve ni nouvellement limée, et s'ajustant d'ailleurs très-bien à la serrure, qui est une serrure de sûreté, nous avons présumé que cette clef était la véritable clef de la serrure.

Instruit qu'une porte qui donne du jardin sur la rue avait été trouvée entr'ouverte, et présumant que l'assassin était entré par ce côté dans la maison, le jardin n'étant séparé de la cour que par un mur d'appui dans lequel est une porte fermant seulement au loquet, nous nous sommes rendu à la porte de ce jardin par l'extérieur, pour ne point effacer ni confondre les empreintes de pas qu'aurait pu laisser l'assassin dans l'intérieur du jardin.

La rue étant pavée, nous n'avons rien vu au dehors; mais, dans une des allées qui conduisent intérieurement de la porte du jardin à la maison, nous avons remarqué sur la terre, amollie par la pluie qui est tombée hier, des empreintes de pas qui se dirigeaient de la porte à la maison; que ces empreintes, toutes de même grandeur, appartenaient à deux souliers différents, les unes portant la trace de trente clous au talon, les autres ne portant au talon que vingt-huit clous, une trace de clou manquant au milieu du talon.

Nous avons fait déchausser Nicolas B..., et nous avons vu que le soulier de son pied gauche s'adaptait parfaitement aux empreintes où se voit la trace de trente clous, et que le soulier de son pied droit s'adapte parfaitement aux empreintes où est la trace de vingt-huit clous; qu'à ce soulier il manque un clou à la même place qu'à ces dernières empreintes.

Nous avons ensuite fait fouiller Nicolas B...; il ne s'est trouvé sur lui qu'un passe-partout, que nous avons essayé à la porte du jardin et qui l'ouvre avec peu de difficulté.

Nous nous sommes transporté dans le domicile de Nicolas B..., rue..., et là, en sa présence, nous avons fait une perquisition dans tous les lieux qui dépendent de sa location, et nous n'y avons rien trouvé, si ce n'est un billet sans signature, portant son adresse, qui était caché derrière la glace, et qui contient ces mots : « Retardez jusqu'à demain soir ; je vous en dirai la raison demain matin, à notre rendez-vous ordinaire. »

Sur notre réquisition, Nicolas B... a signé et paraphé avec nous ce billet, dont nous nous sommes saisi.

D'après l'interrogatoire de Nicolas B..., rédigé séparément du présent procès-verbal, des soupçons graves s'élevant sur Jacques D..., neveu du défunt, nous nous sommes transporté à son domicile, rue... Cet individu étant absent, nous avons fait ouvrir la porte de son logement par le sieur..., serrurier, rue..., par nous requis ; nous avons fait, dans tous les lieux dépendant de la location de D..., une perquisition, par l'effet de laquelle nous n'avons rien trouvé de suspect.

Jacques D... ayant été arrêté en vertu de notre mandat d'amener pendant le cours de nos opérations, immédiatement après son interrogatoire, nous l'avons confronté avec le cadavre de son oncle, dans le domicile duquel nous étions retourné. A la vue du cadavre, il a pâli et s'est troublé ; nous lui avons demandé s'il le reconnaissait ; il nous a déclaré, en balbutiant, que c'était celui de son oncle, et que ses assassins étaient bien criminels.

Nous nous sommes emparé, pour servir à conviction, de la chemise, du bonnet de coton, des draps et de la couverture de lit du défunt, du poignard, de la lanterne, de la clef de l'appartement, du passe-partout saisi sur Nicolas B..., de l'habit, du gilet et des souliers de cet inculpé, à qui nous en avons fait prendre d'autres lors de la perquisition faite chez lui (*ou à qui nous en avons fait fournir d'autres par le sieur..., marchand fripier, rue...*) (*Dans ce cas, les vêtements sont payés sur la taxe qui en est faite.*)

L'information et les interrogatoires terminés, nous avons placé les objets par nous saisis dans un sac de toile, que nous avons fermé au moyen d'une corde sans nœuds, aux deux bouts de laquelle nous avons adapté une feuille de papier au moyen de cire à cacheter rouge, que nous avons scellée de notre sceau. Sur notre interpellation, B..., inculpé, a signé et paraphé avec nous cette bande de papier. Quant à D..., second inculpé, il a déclaré ne vouloir la signer et parapher, ce dont nous avons fait mention sur ladite bande.

Personne ne pouvant nous donner les renseignements nécessaires pour la rédaction de l'acte du décès du sieur A..., et étant instruit par le sieur G..., l'un des voisins présents, que l'acte de naissance du sieur A... était renfermé dans son secrétaire, nous avons ouvert ce meuble à l'aide de la clef, que nous avons trouvée dans la poche du pantalon du défunt, et nous avons trouvé, dans un des tiroirs, ledit acte de naissance, duquel il résulte que le sieur A... porte les prénoms de..., et qu'il est né à..., le..., du sieur... et de la dame..., son épouse.

Les sieurs G... et H... nous ont déclaré que le défunt n'avait jamais été marié, et que ses père et mère étaient décédés sans qu'ils pussent indiquer le lieu ni le temps de leur décès.

Nous avons averti le juge de paix de cet arrondissement (*ou canton*) du décès du sieur A..., à l'effet par lui d'apposer les scellés à la conservation des droits de qui il appartiendra, et, à son arrivée, nous lui avons remis la clef du secrétaire. (*Si c'est le juge de paix lui-même qui procède, il appose les scellés immédiatement après avoir constaté le délit, et par un procès-verbal séparé et rédigé selon les formes civiles.*)

Et attendu que Nicolas B... est inculpé d'être auteur de l'assassinat du sieur Jean-Baptiste A...; que Jacques D... est inculpé de s'être rendu complice de ce crime, en provoquant, par promesse, B... à le commettre, et en lui procurant les instructions et moyens de le consommer, nous avons ordonné qu'ils resteront sous la main de la justice, en état de mandat d'amener, et nous avons dressé le présent procès-verbal en présence du maire (*ou de l'adjoint du maire, ou du commissaire de police, ou des sieurs...,* tous deux domiciliés en cette ville *ou* commune, rue..., par nous requis, *ou sans assistance de témoins,* n'ayant pu nous en procurer tout de suite).

Lecture faite du présent procès-verbal aux inculpés et aux personnes y dénommées, ils l'ont signé à chaque feuillet avec nous, excepté Jean E..., qui a déclaré ne savoir signer, et Jacques D..., qui a refusé de signer, de ce interpellé selon la loi.

189. *Procès-verbal d'information en cas de flagrant délit.* C. instr. crim., même article.

L'an mil huit cent..., le..., heure de..., nous... (*indiquer la qualité de l'officier qui procède*), officier de police judiciaire, auxiliaire de M. le procureur impérial, assisté de..., notre greffier ;

Procédant, en cas de flagrant délit, par suite de notre procès-verbal de ce jour, nous avons fait comparaître devant nous, à..., en la maison du sieur A..., rue..., où nous nous étions transporté, les personnes ci-après nommées, à nous indiquées comme pouvant nous donner des renseignements sur l'homicide du sieur A...; elles nous ont fait successivement et séparément les unes des autres, hors de la présence du prévenu, leurs dépositions ainsi qu'il suit:

1º Jean D..., âgé de..., domestique au service du sieur M..., demeurant chez son maître, en cette maison, nous a déclaré :

Je...

Lecture à lui faite de sa déclaration, il a dit qu'elle contient la vérité, qu'il y persiste, et l'a signée avec nous à chaque feuillet (*ou* a déclaré ne savoir signer, de ce interpellé, et nous avons signé à chaque feuillet). (*Signatures du témoin, du juge de paix et du greffier.*)

2º Jacques E..., âgé de..., domestique au service du sieur A..., demeurant en cette maison, chez son maître, nous a déclaré :

Je...

Représentation faite au témoin de la clef trouvée par nous cette nuit à la porte de l'appartement, et du passe-partout saisi sur Nicolas B..., le témoin nous a dit reconnaître la clef pour être la clef qui était disparue ; quant au passe-partout, il nous a dit ne l'avoir jamais vu. Sur notre interpellation, il nous a fait voir la véritable clef du jardin, qui était déposée dans sa chambre, et dont il nous a dit être ordinairement le dépositaire.

Lecture, etc.

3º...

Fait et clos à..., le..., et avons signé avec notre greffier. (*Signatures.*)

190. *Procès-verbal de levée d'un cadavre.* C. instr. crim., art. 43 et 44; C. Nap., art. 81.

L'an...

Nous... (indiquer la qualité de l'officier qui procède), assisté du sieur..., notre greffier ;

Informé qu'un cadavre gît sur le bord du chemin dit..., nous nous sommes immédiatement transporté sur le lieu désigné, accompagné de M. Denis, docteur en médecine, domicilié en cette ville, par nous requis. Là, nous avons trouvé, gisant sur le bord du chemin, le corps d'un homme renversé sur le dos. Sur notre invitation, M. le docteur, après avoir prêté en nos mains le serment préalable, nous a déclaré que l'individu dont le corps est soumis à son examen était réellement mort ; qu'à la vérité il ne voyait aucune trace de mort violente, mais qu'une autopsie lui paraissait nécessaire.

L'individu décédé est vêtu... (*Décrire son costume.*) Aucun papier ou portefeuille n'a été trouvé sur le mort; mais le nommé... (*nom, prénoms, âge, profession et domicile*), et le nommé... (*nom, prénoms, âge, profession et domicile*), présents sur les lieux, nous ont appris qu'il s'appelait..., qu'il était domicilié à..., qu'il exerçait la profession de..., était âgé de..., était né dans la commune de..., arrondissement de..., département de...

Et, vu la nécessité reconnue de faire l'autopsie, nous avons fait transporter le cadavre à l'hospice de cette ville, dans la salle à ce destinée, où nous nous rendrons ce soir, à deux heures de relevée, conjointement avec le susdit médecin, pour y procéder à cette opération.

(*Dans les communes où ces établissements n'existent pas, on choisit un autre local.*)

Avant de quitter le lieu où gisait le cadavre, nous avons interrogé les personnes présentes sur les circonstances qui ont déterminé le décès.

A cet effet, ont successivement comparu les témoins ci-après dénommés, que nous avons interrogés dans l'ordre suivant :

1° Le sieur... (*nom, prénoms, âge, profession et domicile*), a déclaré que, ce matin, en allant à son travail, il s'était trouvé en présence d'un homme renversé ; que, l'ayant touché pour s'assurer s'il était mort ou seulement endormi, il a reconnu qu'il était froid ; que ses vêtements étaient dans le même état qu'ils étaient tout à l'heure, et qu'il estime que l'individu est mort de sa mort naturelle ; et il a signé.

2° Le sieur... (*nom, prénoms, âge, profession et domicile*), a déclaré... (*Après avoir reçu toutes les déclarations, on continue comme suit :*)

Après avoir recueilli ces renseignements, nous nous sommes retiré ; et, à deux heures, nous nous sommes transporté, avec notre greffier, à la salle de l'hospice où est déposé le susdit cadavre. Nous y avons trouvé M. le docteur Denis, qui s'est mis en devoir de faire l'autopsie, et nous a rapporté ce qui suit... (*Consigner ici toutes les circonstances de l'opération.*)

L'autopsie étant terminée, M. le docteur a rajusté les diverses parties du cadavre ; et, attendu qu'aucun parent du défunt ne le réclame, nous avons donné les ordres nécessaires pour qu'il fût pourvu à l'inhumation aux frais de la commune, conformément au décret du 12 juin 1804 (23 prairial an XII), art. 26, sauf le recours de la commune contre les héritiers du défunt. Décret du 18 juin 1811, art. 3, § 4.

Les vêtements du défunt sont restés à l'hospice.

Ainsi fait et dressé le présent procès-verbal, dont un **extrait** va être remis à M. l'officier de l'état civil de la présente commune, conformément à l'article 85 du Code Napoléon.

Et a le docteur Denis signé avec nous et notre greffier.

(Si des papiers ou portefeuilles ont été trouvés sur le défunt, on les mentionne dans le corps du procès-verbal, en les décrivant et en constatant les renseignements qui en résultent sur le défunt. — A la fin, on dit :) Nous avons visé lesdits papiers et portefeuilles, et les avons joints au présent procès-verbal.

191. *Interrogatoire d'un inculpé.* C. instr. crim., art. 40 et 49 ou 50.

L'an 18.., le...,

Nous...,

Procédant au cas de flagrant délit, avons procédé, ainsi qu'il suit, à l'interrogatoire du nommé..., inculpé de...

Demande. Quels sont vos nom, prénoms, surnom, âge, lieu de naissance, profession et demeure?

Réponse. Je me nomme..., je suis âgé de..., né à..., département de..., le..., j'exerce... *(telle profession)* et je demeure à..., département de...

D. Etes-vous marié, avez-vous des enfants, combien, et quel est leur âge?

R...

D. Etes-vous repris de justice?

R. Oui. J'ai été condamné à... *(telle peine)*, à telle époque, par tel tribunal, pour tel crime ou délit.

D. Vous êtes inculpé d'avoir *(tel jour, à telle heure, dans telle circonstance)*, commis *(tel crime ou tel délit)* ?

R...

(L'officier de police pose ensuite toutes les questions dont la nature du fait, les circonstances connues et acquises à l'information lui démontrent l'utilité, et qu'il croit susceptibles de déterminer le prévenu ou de l'amener, par suite de l'évidence et de l'impossibilité de nier plus longtemps, à confesser la vérité.)

(Le procès-verbal se termine ainsi :)

Lecture faite au prévenu de son interrogatoire, il a déclaré persister dans ses réponses et a signé avec nous et le greffier.

192. *Dénonciation ou plainte, avec ou sans constitution de partie civile.* C. instr. crim., art. 29 à 31, 53, 54, 63 à 69.

L'an..., le..., heure du matin *(ou du soir)*, devant nous... *(prénoms et nom du juge de paix)*, juge de paix du canton de..., arrond. de..., départ. de..., étant à..., et procédant comme officier de police judiciaire auxiliaire de M. le procureur impérial de..., s'est présenté... *(prénoms, nom, qualité et demeure du comparant)*, lequel nous a exposé... *(énoncer les faits, circonstances et toutes les indications nécessaires pour poursuivre et informer)*; ledit sieur... nous a déclaré qu'il dénonce ces faits dans l'intérêt public *(ou que, lésé par ces faits, il en porte plainte, et se rend ou ne se rend pas partie civile)*, et il nous a indiqué pour témoins... *(désigner les témoins)*; il nous a représenté et remis, pour servir à conviction... *(Les objets décrits sont scellés et retenus conformément aux articles 35, 37, 38, 453 du Code d'instruction criminelle.)* Lecture faite, ledit sieur... *(ès nom, si c'est un fondé de pouvoir)* a affirmé, sur notre réquisition, que les

faits qu'il a déclarés sont véritables, et a signé avec nous à toutes les pages.
A..., le..., heure... (*Signatures.*)

193. *Désistement dans les vingt-quatre heures, par un plaignant qui s'était constitué partie civile.* C. instr. crim., art. 66.

L'an..., le..., heure de..., Jacques Ortis s'est présenté devant nous, et nous a déclaré qu'il renonçait purement et simplement à se porter partie civile sur la plainte par lui déposée devant nous le..., au sujet de... (*on spécifie le délit*), et dont les circonstances sont détaillées en ladite plainte, n'entendant donner aucune suite à la dénonciation du crime ; pour quoi il nous requiert d'anéantir ladite déclaration.

Nous, attendu que le délai de vingt-quatre heures, fixé par la loi, n'est pas encore expiré, avons donné acte audit.. de son désistement ; mais, attendu que le fait énoncé dans la plainte intéresse l'ordre public, nous avons pris ladite plainte pour dénonciation ; en conséquence, disons qu'elle subsiste, à l'effet d'être procédé, conformément à la loi, à la poursuite du fait dont il s'agit, et avons, de ce que dessus, dressé le présent acte. (*Signé par le plaignant et l'officier de police.*)

194. *Cédule ou ordonnance à délivrer par le juge de paix délégué pour entendre des témoins.* C. instr. crim., art. 71, 72, 83 et 84.

Nous, juge de paix du canton de...,

Agissant en exécution d'une commission rogatoire de M. le juge d'instruction de l'arrondissement de..., en date du... (*s'il s'agit d'une subdélégation, ajouter :*) adressée à M. le juge d'instruction de l'arrondissement de..., qui nous l'a transmise, avec délégation, le...;

Mandons et ordonnons à tous huissiers ou agents de la force publique d'assigner, à la requête de M. le procureur impérial de l'arrondissement de... (*celui où a lieu l'instruction*) :

1º...; 2º... (*prénoms, nom, surnom, qualité, fonction ou profession, et domicile des témoins*),

A comparaître le..., heure de... (*date précise par indication du jour de la semaine, quantième du mois et heure du matin ou du soir*), par-devant nous (*en notre cabinet ou en la salle de la mairie ou autre local*), à..., pour y déposer en personne sur les faits et circonstances dont il leur sera donné connaissance, et leur déclarer qu'à défaut de comparaître, ils y seront contraints par corps.

Fait à..., le...

(*Sceau.*)   (*Signature.*)

195. *Procès-verbal d'enquête, en exécution d'une commission rogatoire.* C. instr. crim., art. 83 et 84, 71 et suiv.

Nota. Chaque déposition doit être écrite sur une feuille séparée.

L'an..., le...,

Devant nous... (*prénoms et nom*), juge de paix du canton de..., assisté de... (*prénoms et nom*), notre greffier ;

Agissant en exécution d'une commission rogatoire de M. le juge d'instruction de l'arrondissement de..., en date du... (*s'il s'agit d'une subdélégation, on ajoute :*) adressée à M. le juge d'instruction de l'arrondissement de..., qui nous l'a transmise le..., avec délégation ;

A comparu le témoin ci-après nommé, appelé par simple lettre d'invitation (*ou*) par citation donnée à la requête de M. le procureur impérial par exploit de... (*nom de l'huissier*), huissier à..., en date du..., et conformément à notre cédule du...

Le témoin a représenté l'avertissement (*ou*) la copie de citation par lui reçue Nous lui avons donné connaissance des faits sur lesquels il est appelé à déposer ; il a prêté le serment de dire toute la vérité, rien que la vérité ; et, après avoir, sur les interpellations que nous lui avons adressées, déclaré se nommer... (*nom et prénoms*), être âgé de..., exercer (*telle profession, art, fonction ou métier*), demeurer à..., n'être parent, allié ni domestique de l'inculpé, ni de la partie civile (*lorsqu'il en existe*), ou être parent à *tel* degré de...; *ou bien encore* être domestique de..., qu'il sert en *telle* qualité; *ou enfin* ne pas connaître l'inculpé, il a déposé ainsi :

Je sais..., j'ai vu..., j'ai entendu...

(*Chaque procès-verbal doit se terminer ainsi :*)

Lecture faite au témoin de sa déposition, il a déclaré y persister, a requis taxe (*ou bien*) n'a requis taxe, et a signé avec nous et le greffier.

(Si le témoin modifie sa déposition ou y ajoute, les modifications ou additions sont portées en marge.)

Nota. Les renvois et l'approbation des mots rayés ou surchargés, doivent être signés entièrement par le témoin, comme la déposition elle-même.

196. *Interrogatoire en vertu de délégation.*

L'an..., le...,

Nous..., juge de paix du canton de..., assisté de..., notre greffier;

Agissant en exécution d'une commission rogatoire (*le reste comme à la formule précédente*),

Avons procédé ainsi qu'il suit à l'interrogatoire du nommé..., inculpé de..., comparant devant nous, appelé par simple avertissement, *ou* par un mandat de comparution à lui signifié suivant exploit de..., huissier, en date du...

Demande. Quels sont vos nom, etc. (*Le reste comme à la formule n° 103.*)

197. *Visite domiciliaire et saisie de pièces à conviction, opérées en vertu d'une commission du juge d'instruction.* C. instr. crim., art. 87 à 90.

L'an..., le...,

Nous..., agissant en exécution d'une commission rogatoire... (*le reste comme à la formule n° 107*),

Nous sommes transporté à..., au domicile de... (inculpé, *ou* tiers réputé détenteur d'objets utiles à la manifestation de la vérité).

(*Ensuite procéder et constater ainsi qu'il est dit en la formule n° 100.*)

§ 2. Mandats.

198. *Mandat d'amener.* C. instr. crim., art. 40 et 95.

Nous..., juge de paix du canton de..., arrondissement de..., agissant comme officier de police judiciaire, auxiliaire de M. le procureur impérial, et procédant en cas de flagrant délit, en vertu de l'article 40 du Code d'instruction criminelle;

Mandons et ordonnons à tous huissiers ou agents de la force publique d'amener par-devant nous, à..., le..., le nommé..., prévenu de...,

Pour être entendu sur les imputations à lui faites, et dont il lui sera donné connaissance;

Requérons tous dépositaires de la force publique de prêter main-forte pour l'exécution du présent mandat, en cas de nécessité et de réquisition.

A..., le...

(*Sceau.*)   (*Signature.*)

199. *Mandat de dépôt.* C. instr. crim., art. 34 et 95.

Nous..., juge de paix du canton de..., officier de police judiciaire, mandons et ordonnons à tous huissiers et agents de la force publique de conduire en la maison d'arrêt de... le sieur... (*indiquer exactement les nom, prénoms, profession, demeure et signalement*), prévenu de s'être rendu coupable le..., à..., du crime de...; enjoignons en conséquence au gardien de ladite maison de le recevoir provisoirement et le tenir à la disposition de M. le procureur impérial.

Requérons tout dépositaire de la force publique de prêter main-forte pour l'exécution du présent mandat, s'il en est requis par le porteur d'icelui; à l'effet de quoi nous avons signé le présent, scellé de notre sceau.

Fait à..., le... (*Signature et sceau du juge de paix.*)

NOTA. Le seul cas où les officiers de police auxiliaires soient autorisés à décerner un mandat de dépôt est celui que prévoit l'article 54 du Code d'instruction criminelle.

200. *Mandat de comparution.* C. instr. crim., art. 95.

Nous..., juge de paix du canton de..., arrondissement de..., département de..., agissant en vertu de la commission rogatoire de M..., juge d'instruction de..., en date du..., mandons et ordonnons à tous huissiers ou agents de la force publique de citer à comparaître devant nous, en notre cabinet, à..., le nommé..., profession de..., demeurant à..., le..., heure du..., à l'effet d'y être interrogé et entendu sur les faits à lui imputés, et de lui déclarer que, faute de ce faire, il sera contre lui décerné mandat d'amener.

Fait à..., le...

(*Sceau.*)   (*Signature.*)

§ 3. Réquisitions.

201. *Réquisition de la force publique.*

DE PAR L'EMPEREUR.

Nous...,

Agissant...,

Conformément à la loi..., en vertu de... *(loi, arrêté, règlement)*;

Requérons... *(grade et lieu de résidence)* de commander..., faire..., se transporter..., arrêter..., nous accompagner..., faire conduire..., etc.;

Et qu'il nous fasse part *(si c'est un officier)*... et qu'il nous rende compte *(si c'est un sous-officier)* de l'exécution de ce qui est par nous requis au nom de l'Empereur.

A...., le...

(Sceau.)   *(Signature.)*

NOTA. Les réquisitions adressées à la gendarmerie ne doivent contenir aucun terme impératif, tels que : *ordonnons, voulons, enjoignons, mandons,* etc., ni aucune expression ou formule pouvant porter atteinte à la considération de l'arme, et au rang qu'elle occupe parmi les corps de l'armée. Décr. imp. 1er mars 1854, art. 97.

202. *Réquisition de médecin, chirurgien, officier de santé, sage-femme, ou autre expert.* C. instr. crim., art. 43 et 44.

Nous...,

Agissant en qualité d'officier de police judiciaire, auxiliaire de M. le procureur impérial et procédant en cas de flagrant délit... *(ou en exécution d'une commission rogatoire de M. le juge d'instruction de l'arrondissement de..., en date du...)*,

Requérons M... *(profession et demeure)*, de se transporter auprès de nous *ou* à..., de suite, *ou le...*, à... heure du..., à fin de nous assister dans la constatation de... *(espèce du crime ou délit)* et de procéder à toutes les opérations qui seront par nous jugées nécessaires; *ou* à l'effet de procéder à *tel* examen, *telle* constatation, etc., après avoir prêté en nos mains le serment prescrit par la loi.

Dresser ensuite desdites opérations un rapport détaillé qui nous sera remis pour être joint aux pièces de la procédure.

Fait à..., le...

(Sceau.)   *(Signature.)*

203. *Réquisition pour transport de pièces.*

Nous...,

Agissant comme officier de police judiciaire, auxiliaire de M. le procureur impérial, et en cas de flagrant délit *(ou en exécution d'une commission rogatoire de M...)*;

Vu l'article 9 du décret impérial du 18 juin 1811;

Requérons N... *(voiturier ou commissionnaire de transports)*, demeurant à...

de transporter au greffe du tribunal de première instance de l'arrondissement de... (*une caisse, un ballot, un paquet ficelé*), du poids de... kilogrammes, marqué des lettres... (*ou portant l'empreinte de notre sceau*), contenant (*tels objets*), saisis dans l'affaire de..., prévenu de..., moyennant la somme de... (*en lettres*), prix convenu avec ledit voiturier (*ou moyennant le prix de son marché, si l'on s'apresse à un entrepreneur de transports*).

A..., le...

(*Sceau.*)   (*Signature.*)

204. *Réquisition pour une translation de prévenus qui se trouvent dans l'impossibilité d'aller à pied.*

Nous...,

Agissant en qualité d'officier de police judiciaire, auxiliaire de **M.** le procureur impérial, et procédant au cas de flagrant délit;

Vu les articles 4, 5 et 6 du décret impérial du 18 juin 1811 ;

Vu le certificat ci-annexé de M... (*médecin, chirurgien ou officier de santé*), demeurant à..., en date du..., attestant que M... et N..., prévenus, sont dans l'impossibilité de se rendre à pied à..., où ils doivent être conduits par la gendarmerie devant M... (*le procureur impérial ou le juge d'instruction*), en vertu d'un mandat d'amener décerné par nous, le...

Requérons M. le maire de la commune de... de pourvoir à la translation desdits M... et N..., par tous moyens de transport, et au prix le plus modéré qu'il sera possible.

A..., le...

(*Sceau.*)   (*Signature.*)

Nota. Indiquer ici le prix convenu avec le voiturier ou la personne qui doit opérer la translation.

§ **4. Taxes et mémoires.**

205. *Taxe pour le transport de prévenus ou de pièces à conviction, par toute autre voie que celle des convois militaires, des messageries ou des voitures publiques.* Décr. imp. 18 juin 1811, art. 6 ou 9. — Instr. génér. 30 sept. 1826, n° 3.

Nous...,

Avons taxé à N..., sur sa réquisition, en vertu de l'article (6 ou 9) du règlement du 18 juin 1811, la somme de... pour avoir transporté le *prévenu...* ou les objets désignés dans notre réquisition ci-dessus.

Et attendu qu'il n'y a pas de partie civile en cause (*ou qu'elle a justifié de son indigence*), ordonnons que ladite somme sera payée sur les fonds généraux des frais de justice criminelle, par le receveur de l'enregistrement au bureau de...

Ledit N... a déclaré *savoir* ou *ne savoir*, ou *ne pouvoir* signer.

A..., le...

(*Sceau.*)   (*Signature.*)

Nota. Cette taxe est mise au bas de la réquisition ou ordre de transport.

206. *Mandat pour fourniture de souliers à un prévenu.* Décr. imp. 18 juin 1811, art. 133. — Décision de S. Exc. M. le ministre de la justice, 4 nov. 1820.

Nous...,

Agissant en qualité d'officier de police judiciaire, auxiliaire de **M.** le procureur impérial, et procédant en cas de flagrant délit ;

Vu l'article 133 du décret impérial du 18 juin 1811 ;

Vu la décision de S. Exc. M. le ministre de la justice, du 4 novembre 1820 ;

Attendu que **N.**... prévenu de..., qui a dû être transféré de... à..., s'est trouvé dans l'impossibilité de faire la route à pied, à défaut de chaussures,

Avons fait fournir à ce prévenu une paire de souliers par **D.**..., cordonnier, demeurant à..., moyennant la somme de... (*en lettres*); et, attendu qu'il n'y a pas de partie civile en cause (*ou que la partie civile a justifié de son indigence*), ordonnons que ladite somme soit payée audit **D.**..., comme frais urgents de justice criminelle, par le receveur de l'enregistrement au bureau de...

Ledit D... a déclaré *savoir* ou *ne savoir* signer.

A..., le...

(*Sceau.*)   (*Signature.*)

207. *Mandat pour faire payer aux gendarmes la somme présumée nécessaire pour les frais relatifs à la translation des prévenus.* Décr. imp. 18 juin 1811, art. 12 et 133. — Instr. génér. 30 sept. 1826, modèle n° 5.

Nous...,

Agissant, etc. ;

Vu l'article 12 du décret impérial du 18 juin 1811, et l'article 133 du même décret ;

Attendu qu'il n'y a pas de partie civile en cause (*ou que la partie civile a justifié de son indigence*),

Mandons au receveur de l'enregistrement au bureau de..., de payer à..., gendarme, la somme de..., pour faire l'avance des frais que nécessitera la translation de **M.**..., prévenu de... et conduit à..., devant **N.**..., en vertu de...

A..., le...

(*Sceau.*)   (*Signature.*)

TAXES DES TÉMOINS.

Décret imp. 18 juin 1811, art. 27, 28, 31, 95, 96, 97, 133, 135 et 160. — Décr. imp. 7 avril 1813, art. 2 et 3. — Instr. génér. 30 sept. 1827. Modèle n° 14.

208. PREMIÈRE TAXE. — *Témoin du sexe masculin entendu dans le lieu de sa résidence, ou dont la résidence n'est pas éloignée de plus d'un myriamètre du lieu où il a été entendu.*

Taxé, sur sa réquisition, à **N.**... (*indiquer la qualité ou profession*), témoin entendu dans la procédure dirigée à l'occasion de... *(désigner, d'une manière spéciale, l'espèce du crime ou du délit)*, la somme de... *(en lettres)*, pour... *(nombre)* jour..., en vertu de l'article 27 du règlement du 18 juin 1811 *(et, suivant le cas, de l'article 2, § 1er, du décret du 7 avril 1813.— S'il s'agit de gardes champêtres, gardes forestiers ou gendarmes, il faut ajouter l'article 3, § 2 ou 3, du même décret).*

Et, attendu que le témoin ne reçoit aucun traitement à raison d'un service public, et qu'il n'y a pas de partie civile en cause *(ou qu'elle a justifié de son indigence)*, ordonnons que ladite somme sera payée, sur les fonds généraux des frais de justice criminelle, par le receveur de l'enregistrement au bureau de...

Ledit témoin a déclaré *savoir* ou *ne savoir* ou *ne pouvoir* signer.

A..., le... (Signature.)

209. **Deuxième taxe**. — *Témoin du sexe féminin, ou enfant de l'un ou de l'autre sexe au-dessous de quinze ans, entendu dans le lieu de sa résidence, ou dont la résidence n'est pas éloignée de plus d'un myriamètre du lieu où il a été entendu.*

Taxé, sur sa réquisition, à N..., domicilié à.., témoin entendu dans la procédure dirigée à l'occasion de... *(spécifier le crime ou délit)*, la somme de... *(en lettres)* pour... *(nombre)* jour..., en vertu de l'article 28 du règlement du 18 juin 1811 *(et, suivant le cas, de l'article 2, § 1er. du décret du 7 avril 1813).*

Et, attendu qu'il n'y a pas de partie civile en cause *(ou qu'elle a justifié de son indigence)*, ordonnons, etc.

(Le reste comme à la première taxe.)

210. **Troisième taxe**. — *Témoin qui s'est transporté à plus d'un myriamètre de sa résidence, mais dans son arrondissement.*

Taxé, sur sa réquisition, à N... *(qualité ou profession)*, domicilié à..., témoin entendu dans la procédure suivie à l'occasion de... *(spécifier le crime ou délit)*, la somme de... *(en toutes lettres)*, pour... *(nombre)* myriamètres..., parcourus, en vertu de l'article 2 du décret du 7 avril 1813.

Et, attendu... *(Le reste comme à la première taxe.)*

211. **Quatrième taxe**. — *Lorsqu'il y a lieu d'accorder des indemnités de séjour, la taxe doit être motivée ainsi.*

Taxé, etc., la somme de..., savoir : ... francs... centimes... pour... *(nombre)* myriamètres parcourus, en vertu de l'article 2. § 2 du décret du 7 avril 1813 ;... francs... centimes, pour... *(nombre)* jour... de séjour forcé en route, constaté par le certificat ci-joint, conformément à l'article 95, n° 2, du décret du 18 juin 1811; et ...francs ...centimes pour... *(nombre)* jour, à...., où l'instruction a eu lieu, conformément à l'article 96, n° 2, du même règlement.

(S'il s'agit de gardes champêtres, gardes forestiers ou gendarmes), il faut ajouter aux articles précédents l'article 2, § 2 ou 3, du décret du 7 avril 1813.

Enfin, pour cette taxe et celles analogues, on doit toujours placer en marge le décompte prescrit par les instructions. — Circulaire du ministre de la justice, 2 novembre 1816.

Ce décompte s'établit ainsi :

(*Nombre.*) Myriamètres parcourus, à. . . 00 fr. 00 c. l'un, 00 fr. 00 c.
Id. Jours de séjour forcé en route,
à. 00   00   l'un, 00   00
Id. Jours de séjour au lieu de l'in-
struction, à. 00   00   l'un, 00   00
Total de la taxe. . . .   00   00

212. CINQUIÈME TAXE. — *Enfant mâle au-dessous de quinze ans, et fille au-dessous de vingt et un ans, lorsqu'ils se transportent à plus d'un myriamètre de leur résidence, et qu'ils sont accompagnés.*

Taxé, sur leur réquisition, à N..., domicilié à..., témoin (*âge et sexe*) entendu dans la procédure dirigée à l'occasion de... (*spécifier le crime ou le délit*), et à N... (*désigner la qualité de père, mère, tuteur ou curateur*) du témoin, qui l'a accompagné, etc.— Le reste comme aux première et troisième taxes, en citant, de plus, l'article 97 du règlement du 18 juin 1811.

213. SIXIÈME TAXE. — *Militaire en activité de service.*

Taxé, sur sa réquisition, à N..., soldat (*ou son grade*) au (*numéro*) régiment de... (*désigner l'arme*), en garnison (*ou en cantonnement*) à..., témoin entendu dans la procédure dirigée à l'occasion de... (*spécifier le crime ou délit*), la somme de... (*en lettres*) pour (*nombre*) jour de séjour forcé, en vertu des articles 31 et 96, no 2, du règlement du 18 juin 1811.

Et, attendu qu'il n'y a pas de partie civile, etc. (*Le reste comme à la première taxe.*)

214. SEPTIÈME TAXE. — *Taxe ou mandat qui peut être délivré, en vertu de l'article 135 du règlement du 18 juin 1811, au témoin qui se trouve hors d'état de fournir aux frais de son déplacement.*

Nous...,

Vu la copie de la citation délivrée à N..., pour comparaître en témoignage par-devant la Cour (*ou le tribunal, ou le juge d'instruction*) de..., arrondissement de..., département de...;

Vu le certificat ci-joint, délivré par le maire de la commune de..., constatant l'impossibilité où se trouve le témoin de fournir aux frais de son déplacement;

Vu l'article 135 du décret du 18 juin 1811;

Mandons au receveur de l'enregistrement établi à..., de payer audit N..., l somme de... (*En toutes lettres.*)

A..., le...

(*Sceau.*)   (*Signature.*)

215. Huitième taxe. — *Pour un témoin qui a perdu
sa copie de citation.*

Nous...,

Vu l'exploit de..., huissier, en date du..., enregistré à..., le..., duquel il
résulte que N..., profession de..., demeurant à..., en ce canton, a été assigné
à la requête de M. le procureur impérial de l'arrondissement de..., conformément à notre cédule du..., à l'effet de comparaître devant nous cejourd'hui,
pour déposer dans la procédure dirigée à l'occasion de...;

Attendu que N... a comparu et a fait sa déposition;

Attendu que ledit N... a perdu la copie de la citation qui lui a été donnée aux
fins ci-dessus, ce qui nous met dans l'impossibilité de taxer sur cette copie,
conformément à l'article 133 du décret impérial du 18 juin 1811, l'indemnité à
laquelle il a droit;

Avons, par le présent mandat, taxé, sur sa réquisition, audit N..., la somme
de... (*en toutes lettres*) pour, etc. (*Le reste comme aux taxes précédentes.*)

Nota. Cette taxe doit être établie sur une demi-feuille de papier
de la dimension de 200 millimètres de largeur, sur 265 millimètres de
hauteur, suivant le format adopté pour les copies de citation par
S. Exc. M. le garde des sceaux.

La même prescription doit être suivie lorsque le témoin est appelé
par simple avertissement. Cet avertissement, au bas duquel la taxe
est apposée, doit être du format ci-dessus.

216. Neuvième taxe. — *Au cas de partie civile qui n'a pas justifié
de son indigence.*

Taxé, sur sa réquisition, à N..., profession de..., demeurant à..., la somme
de..., à payer par N..., partie civile, demeurant à... (*ou simplement :*)
Taxé au témoin, sur sa réquisition, la somme de...
A..., le...   (*Signature.*)

Nota. Si la partie civile a consigné, la taxe est payée, en son nom,
par le greffier sur les sommes déposées : la taxe doit l'indiquer.
V. art. 160 décr. imp. 18 juin 1811, et instr. génér. 30 sept. 1826,
p. 137.

217. *Tableau des indemnités dues aux témoins.*

Indication des articles EN VERTU DESQUELS **LA TAXE** A LIEU.		DÉSIGNATION DES TÉMOINS ET MOTIFS DES TAXES.	Montant des Taxes		
DÉCRET 18 juin 1811.	DÉCRET 7 avril 1813.		à Paris.	dans les villes de 40,000 âmes et au-dessus.	dans les autres villes et communes.
			F. C.	F. C.	F. C.
		PREMIÈRE TAXE. — *Témoin du sexe masculin entendu dans le lieu de sa résidence, ou dont la résidence n'est pas éloignée de plus d'un myriamètre du lieu où il est entendu :*			
27	2, § 1er	Pour chaque jour que le témoin a été détourné de son travail ou de ses affaires. .			
25, 27	2, § 1er	Médecins, chirurgiens, experts, entendus comme témoins...............	2 »	1 50	1 »
27	2, § 1er, 3, § 2 ou 3	Gardes champêtres, gardes forestiers et gendarmes...............			
		DEUXIÈME TAXE. — *Témoin du sexe féminin, ou enfant de l'un ou de l'autre sexe, au-dessous de 15 ans :*			
28	2, § 1er	Pour chaque jour..................			
25, 28	2, § 1er	Sages-femmes entendues comme témoins....	1 25	1 »	» 75
		TROISIÈME TAXE. — *Témoin de l'un ou de l'autre sexe, qui s'est transporté à plus d'un myriamètre de sa résidence, mais dans son arrondissement :*			
	2, § 2	Par chaque myriamètre parcouru en allant et en revenant...............			
25	2, § 2	Id. Médecins, chirurgiens, experts, interprètes, sages-femmes...............	1 »	1 »	1 »
	2, § 2 ; 3, § 2 ou 3	Id. Gendarmes, gardes champêtres et forestiers...............			
95, n° 2		Témoins pour chaque jour de séjour forcé en route...............			
25, 95, n° 2		Médecins, etc., *idem.*	1 50	1 50	1 50
95, n° 2	3, § 2 ou 3	Gendarmes, gardes, *idem.*			
96, n° 2	.	Témoins, pour chaque jour de séjour dans la ville où se fait l'instruction, et qui n'est pas celle de leur résidence..................			
25, 96, n° 2		Médecins, etc., *idem.*	3 »	2 »	1 50
96, n° 2	3, § 2 ou 3	Gendarmes, gardes, *idem.*			
		QUATRIÈME TAXE. — *Cas de transport hors de l'arrondissement :*			
		Cette taxe n'est pas susceptible d'application par les officiers auxiliaires.			
		CINQUIÈME TAXE. — *Enfant mâle au-dessous de 15 ans, fille au-dessous de 21 ans, lorsqu'ils se transportent à plus d'un myriamètre de leur résidence, accompagnés de leur père, mère, tuteur ou curateur :*			
97	2, § 2	Par chaque myriamètre parcouru dans l'arrondissement..................	2 »	2 »	2 »
95, n° 2 ; 97		Par chaque jour de séjour forcé en route...	3 »	3 »	3 »
96, n° 2 ; 97		Par chaque jour de séjour dans la ville où se fait l'instruction..................	6 »	4 »	3 »
		SIXIÈME TAXE. — *Militaires en activité de service :*			
		Pour chaque jour de séjour forcé hors de leur garnison ou cantonnement, savoir :			
13, 96, n° 2		Officiers de tout grade..................	3 »	2 »	1 50
13, 96, n° 2		Sous-officiers et soldats..................	1 50	1 »	» 75

218. *Mémoire d'indemnité de transport que doivent fournir le juge de paix et le greffier.* Décret impérial du 18 juin 1811, art. 88 et 89; Instruction générale du 30 septembre 1826, modèle n° 21.

FRAIS DE JUSTICE CRIMINELLE.

Mois de 18..

M. juge de paix.
M. greffier.

MÉMOIRE des indemnités de transport dues à N. juge de paix du canton de , arrondissement de , département de et à N. , greffier de la même justice de paix.

Nos D'ORDRE.	DATES DES ARTICLES des lois, décrets, ordonnances ou délégations, en vertu desquels le transport a eu lieu.	CAUSES du transport et désignation des opérations.	LIEU du transport.	DATE et durée du transport.		DISTANCE du lieu du transport.	PRIX FIXÉ par le règlement. — Articles		SOMMES DUES au		TOTAL.
							88	89	Juge de paix.	Greffier.	
				jours.	myr.	kil.	fr. c.	fr. c.	fr. c.	fr. c.	fr e.
1											
3											
4											
						Totaux.	» »	» »	» »	» »	» »

« NOTA. Lorsque le juge de paix et le greffier se sont
« transportés ensemble, ils doivent rédiger collectivement
« leurs mémoires; dans le cas contraire, il est nécessaire
« d'indiquer que *tel* a renoncé à l'indemnité, ou qu'il a été
« payé séparément. »

Nous, soussignés, certifions véritable le présent mémoire.

A , le

(Signature du juge de paix.)   (Signature du greffier.)

RÉQUISITOIRE.

Nous... (*indiquer l'officier du ministère public*),

Vu les articles 88 et 89 du règlement du 18 juin 1811, les ordonnances royales des 4 août 1824, 10 mars 1825, et 28 novembre 1838, et le tableau des distances dressé en exécution de l'article 93 dudit règlement, requérons, conformément à l'article 140 suivant, qu'il soit délivré exécutoire par... (*indiquer ici la qualité du magistrat qui doit délivrer cet exécutoire*) sur la caisse de l'administration de l'enregistrement, pour le payement de la somme de

A , le 18

(*Signature.*)

EXÉCUTOIRE.

Nous... (*indiquer la qualité du juge taxateur*),

Vu le réquisitoire ci-dessus, avons arrêté et rendu exécutoire le présent mémoire pour la somme de , montant de la taxe que nous en avons faite ; et (*quand il y aura lieu, attendu qu'il n'y a pas de partie civile en cause, ou qu'elle a justifié de son indigence par le certificat ci-joint*) ordonnons que ladite somme sera payée par le receveur de l'enregistrement au bureau de

A , le 18

(*Signature.*)

DEUXIÈME PARTIE

MATIÈRES DE SIMPLE POLICE.

219. *Nomination d'expert.*

Nous..., président du tribunal de police de..., vu la réquisition à nous faite par M... (*ministère public* ou *la partie lésée*), tendant à ce que... (*rappeler la réquisition*), et y faisant droit, ordonnons que les visite et estimation du dommage seront faites par..., que nous nommons à cet effet; lequel, après avoir prêté le serment voulu par la loi, procédera le..., heure de..., parties présentes ou appelées, aux opérations qui lui sont confiées, et sera tenu de déposer son rapport au greffe du tribunal, et d'en affirmer la sincérité à l'audience qui suivra son estimation, pour, par nous, être statué ce qu'il appartiendra.

(La notification de cette dernière ordonnance doit être faite tant à l'expert qu'au prévenu, avec assignation à celui-ci de comparaître à la prochaine audience.)

220. *Prestation de serment de l'expert.*

Par-devant nous, juge de paix du canton de..., a comparu M... (*nom, profession et domicile*), expert nommé par..., à l'effet de...;

Lequel a prêté serment de bien et fidèlement remplir la mission qui lui est confiée; dont acte, et a signé avec nous et le greffier.

221. *Estimation faite par le juge.*

Cejourd'hui, l'an..., le..., heure de..., nous, président du tribunal de police, assisté de..., notre greffier, conformément à notre ordonnance en date du..., enregistree, signifiée le..., par..., à la requête de...,

Nous sommes transporté à..., à l'effet d'estimer le dommage prétendu causé, ce à quoi nous avons procédé en présence des sieurs..., requérant, et..., prévenu. (*Le prévenu ne se présentant pas à l'heure indiquée, on mettra :* Ce à quoi, après avoir en vain attendu une heure au delà de celle indiquée, nous avons procédé en l'absence du sieur..., prévenu, contre lequel nous avons donné défaut, et pour le profit, passé outre à l'estimation.)

Le sieur..., demandeur, a déclaré persister dans sa réquisition, et a signé (*ou* a déclaré ne le pouvoir). Le sieur..., prévenu, a dit :... (*Insérer les dires.*)

Procédant à ladite estimation, nous avons remarqué... (*rapporter les traces du dommage, en indiquer les faits, circonstances, preuves et indices propres à le constater.*)

La valeur du dommage nous a paru être de... et nous avons renvoyé, pour y statuer, à notre audience du..., jour auquel le prévenu a été cité.

Fait aux lieu, jour, mois et an que dessus, etc.

222. *Jugement qui prononce une amende contre un témoin défaillant, et ordonne qu'il sera réassigné.*

Entre le sieur... (*nom, profession, domicile*), demandeur, suivant citation de..., en date du..., enregistrée le..., ledit sieur..., comparant en personne,

Et le sieur... (*nom, profession, domicile*), défendeur, ledit sieur..., comparant aussi en personne ;

Vu le jugement du..., par lequel le sieur... a été admis, sur la dénégation du prévenu, à faire preuve des faits par lui articulés ;

Vu la citation donnée par suite de ce jugement au sieur..., par exploit de..., enregistré, à l'effet de venir déposer sur les faits dont il lui serait donné connaissance ;

Après avoir entendu M..., commissaire de police (*ou maire, ou adjoint*), remplissant les fonctions du ministère public, en ses résumés et conclusions ;

Attendu que ledit sieur... ne comparaît pas, quoique dûment appelé, le tribunal le condamne à l'amende de..., et attendu que sa déposition paraît nécessaire, ordonne qu'il sera réassigné à ses frais, pour comparaître à l'audience de... prochain, par..., notre huissier (*ou huissier que nous commettons à cet effet*); à laquelle audience les parties comparaîtront sans nouvelle citation, pour entendre statuer ce qu'il appartiendra ; condamne en outre ledit sieur... aux dépens.

Ainsi prononcé publiquement par M..., tenant l'audience du tribunal de simple police, le...

223. *Jugement qui, sur un second défaut, prononce la contrainte par corps.*

Entre, etc., par jugement préparatoire du..., enregistré le..., il a été ordonné... (*Rappeler les faits.*) Par autre jugement du..., il a été ordonné que le sieur..., témoin défaillant, serait réassigné à ses frais pour la présente audience ;

Vu lesdits jugements ; vu également l'exploit de réassignation, fait à la requête dudit sieur..., demandeur, par..., huissier, commis à cet effet, ledit exploit enregistré le... ;

Après avoir entendu M..., commissaire de police, lequel a résumé l'affaire, et conclu à ce que... ;

Attendu que l'audition du sieur..., témoin défaillant, paraît nécessaire pour la preuve de la contravention dont le tribunal est saisi ; que cette audition est d'ailleurs requise par le demandeur ;

Attendu que le témoin est défaillant pour la deuxième fois ; que la loi, dans ce cas, prononce la contrainte par corps ;

Le tribunal, sans rien préjuger, ordonne que ledit sieur... sera saisi par..., huissier, commis à cet effet, afin d'être conduit et amené à l'audience du..., pour y faire sa déposition sur les faits dont la preuve est ordonnée, auquel jour les parties comparaîtront sans nouvelle citation, etc.

Ainsi prononcé publiquement par M..., etc. (*Comme au modèle précédent.*)

224. *Jugement qui, sur des causes légitimes, décharge le témoin de l'amende.*

Entre, etc.

(*Rappeler les faits et les divers jugements, comme au modèle 217, et terminer ainsi :*)

Attendu que ledit sieur... justifie qu'il était... (*rappeler la cause d'excuse*);

qu'ainsi il se trouvait dans l'impossibilité de comparaître au jour fixé par la citation à lui délivrée le..., par exploit de..., enregistré ; qu'il y a lieu, en conséquence, de le décharger de l'amende prononcée contre lui ;

Vu l'article 158 du Code d'instruction criminelle, ainsi conçu... (*rappeler le texte*) ; ouï le ministère public en ses conclusions ; le tribunal reçoit les excuses présentées par ledit sieur..., et le décharge de l'amende à laquelle il a été condamné par jugement du...

Ainsi prononcé en audience publique, par M..., etc.

225. *Forme des notes à tenir, par le greffier, des dépositions des témoins.*

Nous..., greffier du tribunal de police de..., conformément à l'article 155 du Code d'instruction criminelle, avons rédigé les notes suivantes de l'enquête faite à l'audience de ce jour, entre le sieur..., demandeur, et le sieur..., prévenu.

Premier témoin (*faire mention s'il a été cité ou simplement produit; indiquer les nom, prénoms, âge, profession et domicile du témoin*); lequel, après avoir fait serment de dire toute la vérité, rien que la vérité, a déposé que... (*Ecrire le sommaire de la déposition.*)

Deuxième témoin. (*Mêmes énonciations.*)

Certifié véritable, audience tenante, en l'auditoire du tribunal de simple police, le..., etc.

226. *Modèle d'un jugement contradictoire en dernier ressort du tribunal de police sur une action du ministère public.*

Tribunal de police du canton de..., département de..., audience publique tenue le vendredi... mars mil huit cent..., à l'heure accoutumée, au prétoire du tribunal, par M..., juge de paix dudit canton, assisté de M..., greffier de la justice de paix.

En présence de M..., maire de la commune de..., remplissant les fonctions du ministère public. (*Cet intitulé, mis en tête de la feuille d'audience, sert pour tous les jugements qui y sont portés; il est transcrit dans l'expédition de chaque jugement.*)

Entre M. le maire de la commune de..., remplissant les fonctions du ministère public près le tribunal de police, demandeur, d'une part, et le sieur Paul A..., menuisier, demeurant à..., d'autre part;

Par exploit de Me B..., huissier à..., en date du..., enregistré, ledit sieur A... a été, sur la requête du demandeur, cité à comparaître aujourd'hui devant le tribunal pour, attendu que... (*transcrire ici le libellé de la citation*), s'entendre condamner à la peine fixée par l'article 475, n° 4, du Code pénal et aux frais.

Il a comparu et déclaré qu'il était prêt à répondre aux charges et preuves que le demandeur avait à lui opposer.

Sur cette déclaration, l'organe du ministère public a requis la lecture du procès-verbal ; elle a été en conséquence faite publiquement et à haute voix par le greffier.

Le sieur A... s'est justifié des faits mis à sa charge par ledit acte en disant que... (*Analyse de la défense de la personne citée.*)

Ensuite l'organe du ministère public a pris la parole et a dit que... (*résumé des preuves et des moyens de l'action* ; il a conclu a ce que ledit sieur Paul A... fût, par application de l'article 475, n° 4, du Code pénal, condamné à **dix francs** d'amende et aux dépens.

Le sieur Paul A... a fait observer que... (*Observations du cité.*)

Sur quoi, nous, juge de paix, remplissant les fonctions du juge de police;

Attendu qu'il est établi par le procès-verbal que le jeudi... janvier dernier, ledit sieur A..., passant en voiture dans le voisinage de, a fait courir son cheval dans la descente qui y existe;

Que ledit procès-verbal est régulier et fait foi de son contenu jusqu'à preuve contraire;

Que les dénégations du sieur A... ne sont appuyées sur aucune preuve;

Vu les articles 475, n° 4, du Code pénal, et 162 du Code d'instruction criminelle, ainsi conçus : « Seront punis d'amende, etc. » (*transcrire ces textes*);

Condamnons le sieur Paul A... à une amende de six francs au profit de la commune de..., le condamnons en outre aux dépens de la présente instance, liquidés à la somme de..., non compris les frais d'expédition et de notification du présent jugement;

Fixons la durée de la contrainte par corps à..., conformément à l'article 52 du Code pénal, en exécution de la loi du 17 avril 1832, et de la loi du 13 décembre 1848.

Donné à..., le..., l'an..., par nous... (*prénoms et nom du juge de paix ou du suppléant qui le remplace avec qualification de premier ou second*) du canton de..., département de...

227. *Jugement par défaut.*

Entre le sieur..., remplissant les fonctions du ministère public... (*comme ci-dessus*), d'une part;

Et le sieur A..., défendeur aux fins dudit exploit, non comparant, ni personne pour lui.

Lecture a été faite... (*comme ci-dessus*), hors la comparution du cité et de ses témoins.

Vu, etc. ;

Nous..., juge de paix, avons, contre le sieur A..., non comparant, ni personne pour lui, donné défaut; et, pour le profit, considérant... (*La fin comme ci-dessus.*)

228. *Jugement sur la comparution de celui qui s'est laissé condamner par défaut.*

Entre le sieur A... (*prénoms, nom, profession et domicile du comparant*), lequel a dit que, par jugement de notre tribunal, en date du...; rendu à la requête du..., faisant les fonctions du ministère public, à lui signifié le..., il avait été condamné à..., qu'il se présente devant nous pour être reçu opposant audit jugement; faisant droit sur son opposition, le décharger des condamnations contre lui prononcées par ledit jugement;

Et le sieur..., ministère public, défendeur à ladite opposition;

Ouï le sieur A..., en ses moyens de défense;

Ouï ensuite le sieur..., ministère public, lequel a conclu à ce que...;

Vu, etc.;

Nous..., juge de paix, tenant le tribunal de police, considérant que le sieur A... se présente devant nous dans les trois jours de la signification à lui faite le..., du jugement rendu contre lui par défaut, le..., recevons le sieur A..., opposant audit jugement ; faisant droit sur son opposition, considérant que..., nous avons déchargé ledit sieur A... des condamnations contre lui prononcées par ledit jugement, sans dépens.

Donné à..., le..., etc.

(Lorsque l'opposant est condamné sur son opposition, qui est mal fondée, le dispositif est ainsi conçu :)

Nous..., juge de paix... *(le commencement comme ci-dessus)* ; faisant droit sur son opposition, considérant..., déboutons le sieur A... de son opposition ; ordonnons que ledit jugement sera exécuté selon sa forme et teneur ; le condamnons en outre par corps aux frais de la présente instance, liquidés à..., compris le coût du présent jugement et de la signification, conformément à l'article 162 du Code d'instruction criminelle, lequel est ainsi conçu :...

(Lorsque le condamné par défaut se présentera après les délais qui lui sont accordés par la loi, le jugement le déclarera non recevable.)

Entre le sieur A... *(comme ci-devant)*,

Et le sieur..., ministère public, lequel, attendu qu'il y a plus de trois jours que la signification du jugement du... a été faite au sieur A..., conclut à ce que le sieur A... soit déclaré non recevable dans son opposition et condamné aux frais du présent jugement de la signification ;

Nous..., juge de paix, considérant que depuis le..., jour auquel le jugement du... a été notifié au sieur A..., à cejourd'hui..., il s'est écoulé plus que les trois jours pendant lesquels le sieur A... pouvait être entendu, conformément à l'article 150 du Code d'instruction criminelle, déclarons le sieur... non recevable dans son opposition ; ordonnons que le précédent jugement du... sera exécuté selon sa forme et teneur ; condamnons en outre le sieur A... aux frais du présent jugement et de sa signification, liquidés à..., conformément à l'article 162 du Code d'instruction criminelle, lequel est ainsi conçu ·... *(Transcrire l'article.)*

229. *Jugement sur la poursuite d'une partie civile.*

Entre le sieur A... *(prénoms, nom, profession et domicile du demandeur)*, demandeur aux fins de l'exploit de..., en date du..., enregistré le..., tendant à ce que le sieur B..., ci-après nommé, soit condamné à lui payer la somme de..., pour dommages-intérêts du préjudice qu'il lui a causé pour avoir, le... *(détailler le fait)* ; comparant en personne... *(ou par... prénoms, nom, profession et domicile du fondé de pouvoir)*, suivant l'acte du..., enregistré le..., d'une part ;

Et le sieur B... *(prénoms, nom, profession et domicile du défendeur)*, défendeur aux fins dudit exploit, comparant..., d'autre part, lequel a requis d'être renvoyé de la demande ;

Ouï les sieurs A... et B... en leurs moyens respectifs *(s'il y a des témoins entendus, il en sera fait mention)* ;

Ouï ensuite le sieur..., remplissant les fonctions du ministère public, lequel a conclu à ce que... ;

Vu les articles... de la loi, ainsi conçus :... *(transcrire les articles)* ;

Nous..., juge de paix, tenant le tribunal de police ; considérant qu'il est

constant que le sieur B... a, le... (*détailler le fait prouvé*); faisons défense
au sieur B... de récidiver, à l'avenir, sous telle peine qu'il appartiendra ; pour
l'avoir fait, le condamnons en l'amende de..., conformément à l'article... de
la loi du..., dont lecture a été donnée ; le condamnons en outre à payer au
sieur A... la somme de..., par forme de dommages-intérêts, et aux dépens; fixons la durée, etc.

(*S'il y a lieu d'acquitter le défendeur, le dispositif est ainsi conçu :*)

Considérant que la contravention reprochée au sieur B... n'est pas prouvée
(*ou bien* que...) ;

Renvoyons le sieur B... des demandes contre lui formées, soit par le sieur
A... dans son exploit du..., soit par le ministère public ; condamnons A...
aux dépens, etc.

Donné à...

230. *Jugement qui renvoie la cause devant d'autres juges.*

Entre, etc. (*rappeler les faits, conclusions et défenses des parties*) ;

Ouï le prévenu dans ses exceptions; ensemble, M..., commissaire de police (*ou maire, ou* adjoint), remplissant les fonctions du ministère public, en ses
résumé et conclusions;

Attendu que le tribunal n'est ni celui du domicile du prévenu, ni celui du
lieu où la contravention a été commise; que, par suite, le déclinatoire du prévenu est fondé, et qu'il y a lieu d'y faire droit ;

Le tribunal, statuant en premier (*ou dernier*) ressort, se déclare incompétent et renvoie la cause et les parties devant les juges qui doivent en connaître;
condamne le demandeur aux dépens taxés à..., non compris, etc.

Ainsi jugé et prononcé, etc.

231. *Jugement qui, sur une question préjudicielle, sursoit à statuer.*

Entre le sieur..., etc., et le sieur..., défendeur, etc. Les conclusions du
demandeur tendent à... (*rappeler ces conclusions*); à quoi le prévenu a répondu
que, s'il a passé sur le terrain du demandeur, il n'a fait qu'user de son droit,
un passage lui étant dû sur ledit terrain.

Par le sieur..., demandeur, a été répliqué... (*Insérer les moyens.*)

Dans cet état, les questions suivantes se présentent : ... (*Poser ces questions.*)
Parties ouïes, ensemble M..., commissaire de police, lequel a résumé l'affaire,
et conclu à ce que...; attendu que si l'exception du défendeur était fondée, elle
ôterait au fait qui lui est imputé tout caractère de criminalité; qu'ainsi elle
constitue une question préjudicielle qui doit avoir pour résultat de suspendre
la décision du tribunal jusqu'à ce qu'il ait été statué sur ladite exception par
les tribunaux compétents ;

Attendu, néanmoins, que cette suspension doit être limitée pour que le cours
de la justice ne soit pas interrompu ;

Le tribunal, sans rien préjuger, sursoit à statuer sur la demande du sieur...,
pendant..., durant lequel temps le défendeur sera tenu de faire juger son exception; faute de quoi, et à l'expiration dudit délai, il sera passé outre au jugement, sur la demande dudit sieur..., dépens réservés.

Ainsi prononcé publiquement par M..., etc.

252. *Déclaration d'appel au greffe.*

Cejourd'hui..., l'an..., heure de..., a comparu au greffe du tribunal de simple police de..., devant nous, greffier soussigné, le sieur..., demeurant à..., où il fait élection de domicile;

Lequel a déclaré interjeter appel du jugement rendu par ledit tribunal de simple police de..., le..., enregistré, qui le condamne à..., et ce pour les torts et griefs que lui fait ledit jugement.

De laquelle déclaration nous avons rédigé le présent acte, et a, le déclarant, signé avec nous (*ou* a déclaré ne le savoir).

253. *Pourvoi au greffe du tribunal de police contre un jugement émanant de cette juridiction.*

Par-devant nous, greffier de la justice de paix de..., ou du tribunal de simple police de...,

A comparu le sieur A... (*nom, prénoms, profession et demeure*); lequel nous a déclaré qu'il est dans l'intention de se pourvoir en cassation, comme il se pourvoit formellement par ces présentes, contre le jugement rendu par M..., juge de paix en cette juridiction, le..., qui le condamne à deux jours de prison et... francs d'amende, dans l'intérêt de la vindicte publique, et à... francs de dommages-intérêts au profit du sieur B..., et cela pour les torts et griefs que lui cause ce jugement, et qu'il exposera et développera en temps et lieu.

De quoi il a requis acte que nous lui avons octroyé, et a signé avec nous, greffier, après lecture (*ou* a déclaré ne savoir signer, après lecture). (*Signatures du requérant et du greffier.*)

254. *Inventaire des pièces.* C. **instr. crim.**, art. 423.

Inventaire des pièces transmises par le greffier soussigné du tribunal de police du canton de..., arrondissement de..., département de..., à M. le maire (*ou* le commissaire de police), remplissant les fonctions du ministère public près ledit tribunal, formant le dossier de l'affaire sur laquelle il a été fait par... un pourvoi en cassation, et consistant, savoir

1o...; 2o...; 3o... (*Inventorier toutes les pièces.*)

Fait et certifié véritable par le greffier soussigné, à..., le..., 18... (*Signature.*)

255 *Extrait pour l'exécution du jugement des tribunaux de police.*

Napoléon, par la grâce de Dieu et la volonté nationale, faisons savoir que, par jugement du tribunal de simple police de..., en date du..., rendu sur la poursuite du ministère public, le sieur... a été condamné à un emprisonnement de..., et en une amende de..., en vertu de l'article... (*rappeler la disposition de la loi insérée dans le jugement*), pour s'être rendu coupable... (*énoncer la contravention*); ledit... a été condamné, en outre, aux dépens, taxés à..., non compris les frais du présent, et ceux de mise à exécution.

En conséquence, mandons et ordonnons à tous huissiers, sur ce requis, de mettre le présent jugement à exécution; à nos procureurs généraux et à nos procureurs impériaux près les tribunaux de première instance, d'y tenir la main ; et à tous commandants et officiers de la force publique, de prêter main forte, lorsqu'ils en seront légalement requis. En foi de quoi le présent jugement a été signé par le juge et le greffier. La minute est signée..., juge de paix, président..., greffier, et enregistrée le..., par..., qui a perçu... (*Signature du greffier.*)

(*Visa du commissaire de police, ou du maire, ou de l'adjoint, exerçant le ministère public.*)

TABLE ALPHABÉTIQUE

(Les chiffres indiquent les numéros des formules et non les pages.)

A

ABSENCE. — V. *Conseil de famille.*

ACQUIESCEMENT. Autorisation au tuteur, par le conseil de famille, d'acquiescer à une demande intentée contre le mineur ; *formule* 31

ACTE D'ADOPTION. — V. *Adoption.*

ACTE DE DÉPOT. — V. *Dépôt.*

ACTE DE NAISSANCE. — V. *Acte de notoriété.*

ACTE DE NOTORIÉTÉ. Pour suppléer un acte de naissance, de décès, d'un acte respectueux ; *formules* 80, 81, 82.

ACTION EN JUSTICE. Autorisation, par le conseil de famille, d'intenter une action en justice ; *formule* 30.

ACTION POSSESSOIRE. Jugement, complainte, réintégrande, dénonciation de nouvel œuvre ; *formules* 155, 156, 157.

ADOPTION (ACTES D') ; *formule* 46.

ALIMENTS. — V. *Pension alimentaire.*

AMENDE. Jugement qui prononce une amende contre un témoin défaillant et ordonne qu'il sera réassigné ; *formule* 222. — Jugement qui décharge de l'amende ; *formule* 224. — V. *Contrainte par corps.*

APPEL. Déclaration au greffe ; *formule* 232.

AUDIENCE. — V. *Délit d'audience.*

B

BIENS DE MINEURS. Délibération du conseil de famille pour autoriser à vendre les meubles échus au mineur, et à en conserver quelques-uns ; *formule* 23. — Autorisation à un tuteur pour la vente des immeubles du mineur ; *formule* 25.

sent lors de sa nomination ; rejet des excuses à la majorité simple ; *formule* 10. — Délibération portant destitution du tuteur ; *formule* 11. — Nomination d'un subrogé tuteur sur la convocation d'office du juge de paix ; *formule* 12. — Nomination d'un subrogé tuteur sur la réquisition de l'époux survivant ; *formule* 13. — Nomination d'un tuteur spécial aux mineurs qui ont des intérêts opposés ; *formule* 14. — Délibération qui autorise le tuteur à s'aider dans sa gestion ; *formule* 15. — Délibération qui refuse ou conserve la tutelle à une mère qui veut se remarier ; *formules* 18 et 19. — Délibération sur le choix du tuteur fait par la mère, par testament, après son second mariage, pour les enfants de son premier lit ; *formule* 20. — Délibération qui règle la dépense annuelle du mineur ; *formule* 22. — V. *Acquiescement, Action en justice, Biens de mineurs, Conseil de tutelle, Donation, Emprunt, Engagement militaire, Expert, Hypothèque, Interdiction, Mariage, Mineur, Partage, Reclusion, Succession, Transaction, Tutelle officieuse.*

CONSEIL DE TUTELLE. Nomination d'un conseil de tutelle à une mère, par le père encore survivant ; *formule* 16.

CONTRAINTE PAR CORPS. Jugement ; *formule* 144. — Jugement qui, sur un second défaut, prononce la contrainte par corps contre un témoin défaillant ; *formule* 223.

CONVOCATION. — V. *Conseil de famille.*

CURATEUR. Nomination d'un curateur au ventre, sur la demande de la veuve enceinte ; *formule* 21.

D

DÉCLINATOIRE. — V. *Jugement.*

DÉLÉGATION. — V. *Interrogatoire. Police judiciaire.*

DÉLIBÉRATION. — V. *Conseil de famille.*

DÉLIT D'AUDIENCE. Manque de respect, insulte, irrévérence, trouble de l'ordre, voies de fait, injures, procès-verbal ; *formules* 123, 124, 125.

DÉMISSION ; *formule* 99.

DÉNÉGATION D'ÉCRITURE. Jugement qui donne acte ; *formule* 141.

DÉNONCIATION. — V. *Police judiciaire*.

DÉPOSITAIRE PUBLIC. — V. *Scellés*.

DÉPOT. Acte de dépôt, au greffe, d'un procès-verbal de rapport d'experts; *formules* 92 et 173.

DESCENTE DE LIEUX. — V. *Visite de lieux*.

DESCRIPTION SOMMAIRE. — V. *Scellés*.

DÉSISTEMENT. Désistement, dans les vingt-quatre heures, d'un plaignant qui s'est porté partie civile; *formule* 193. — Acte de désistement à l'audience; *formule* 166.

DESTITUTION. — V. *Conseil de famille*.

DOMMAGE. — V. *Estimation*.

DONATION. Autorisation, par le conseil de famille, d'accepter une donation faite au mineur; *formule* 28.

DOUANES. Procès-verbal de saisie avec citation; *formule* 177. — Affirmation d'un procès-verbal de saisie; *formule* 178. — Remise sous caution; *formule* 179. — Jugement qui valide la saisie; *formule* 180.

E

ÉCRITURE. — V. *Dénégation, Inscription de faux*.

ÉMANCIPATION. Déclaration devant le juge de paix, par le père ou la mère, de leur intention d'émanciper un mineur pour faire le commerce; *formule* 41. — Acte d'émancipation par le conseil de famille; *formule* 42. — Révocation de l'émancipation par le père ou la mère; *formule* 44. — Révocation par le conseil de famille; *formule* 45.

EMPRUNT. Autorisation par le conseil de famille d'emprunter pour le mineur; *formule* 24.

ENGAGEMENT MILITAIRE. Autorisation accordée à un mineur par le conseil de famille; *formule* 35.

ENQUÊTE. Procès-verbal par suite d'une commission rogatoire; *formule* 195. — Procès-verbal, témoin, constatation de reproches; défaut contre l'un des témoins; cas où un témoin fait proposer ses motifs d'excuse; nouveau procès-verbal à la suite du premier, lorsque l'enquête a été continuée dans la huitaine ou prorogée à un délai plus éloigné; *formule* 170 et pages qui suivent. — Procès-verbal d'enquête *commodo* et *in-commodo; formule* 91. — Procès-verbal d'enquête et de contre-enquête, témoins reprochés, témoins défaillants; *formule* 137. — Enquête par défaut; *formule* 138. — Jugement qui ordonne une enquête, *formule* 131. — Jugement sur le fond après enquête principale; *formule* 139. — V. *Interrogation*.

ESTIMATION. Dommage; *formule* 221.

EXCUSES. — V. *Conseil de famille*.

EXÉCUTION PROVISOIRE. Jugement; *formule* 145.

EXÉCUTOIRE de dépens; *formules* 167 et 218.

EXPÉDITION; *formule* 104.

EXPERT, EXPERTISE. — Nomination; *formule* 219. — Serment de l'expert; *formule* 220. — Nomination de l'expert priseur et prestation de serment, lorsque le père ou la mère, tuteur, veut conserver les meubles en nature; *formule* 40. — Cédule à l'effet de citer les experts; *formules* 121 et 127 à 131. V. *Serment,*

EXPROPRIATION. Jugement qui déclare exécutoire la décision du jury fixant l'indemnité, en cas d'expropriation pour ouverture de chemins vicinaux; *formule* 182. — V. *Indemnité*.

EXPULSION DE LIEUX. Jugement, congé non contesté; *formule* 148. — Jugement sur demande d'expulsion en cas de décès; *formule* 149. — Jugement d'avant-faire-droit ordonnant la visite des lieux loués en cas d'abandon; *formule* 150. — Jugement d'expulsion en cas de faillite; *formule* 151.

EXTRAIT. Jugement de police; *formule* 235.

F

FAILLITE. — V. *Scellés*.

FLAGRANT DÉLIT. — V. *Police judiciaire*.

FRAIS DE JUSTICE. Mandat pour fourniture de souliers à un prévenu; *formule* 206. — Mandat pour faire payer aux gendarmes la somme présumée nécessaire pour les frais de translation des prévenus; *formule* 207. — Affirmation de la partie qui demande des frais de voyage; *formule* 93.

G

GARANTIE. Jugement sur la demande principale et sur la demande incidente en garantie; *formules* 162, 163, 164, 165.

GARDE NATIONALE. Décision d'un jury de révision; *formule* 95.

GREFFIER. — V. *Office*.

GROSSE. V. *Jugement*.

H

HUISSIER. — V. *Citation*.

HYPOTHÈQUE. Autorisation, par le conseil de famille, d'hypothéquer les biens du mineur; *formule* 24. — Autorisation pour restreindre l'hypothèque légale du mineur sur les immeubles du tuteur; *formule* 36. — Avis de parents pour restreindre l'hypothèque légale de la femme; *formule* 37.

I

INCENDIE. Déclaration devant le juge de paix; *formule* 96.

INCOMPÉTENCE. — V. *Jugement*.

INDEMNITÉ. Jugement qui règle l'indemnité à payer au propriétaire riverain d'un chemin vicinal pour terrain cédé; *formule* 181. — V. *Expropriation, frais de justice*.

INFORMATION. — V. *Police judiciaire*.

INJURE. — V. *Délit d'audience*.

INSCRIPTION DE FAUX. Jugement qui donne acte d'une déclaration de faux; *formule* 142.

INSULTE. — V. *Délit d'audience*.

INTERDICTION. Avis du conseil de famille sur une demande en interdiction; *formule* 38. — Nomination d'un tuteur et d'un subrogé tuteur à l'interdit; *formule* 39.

INTERROGATOIRE. En vertu de délégation; *formule* 196. — V. *Police judiciaire*.

INVENTAIRE DES PIÈCES; *formule* 234.

IRRÉVÉRENCE. — V. *Délit d'audience*.

J

JUGEMENT. Minute sur la feuille d'audience; *formule* 102. — Grosse, revêtue de la forme exécutoire; *formule* 103. — Jugement par défaut; *formules* 105, 108. — Jugement de défaut-congé; *formule* 106. — Jugement contradictoire; *formule* 107. — Jugement préparatoire avec motif; *formule* 109. — Jugement interlocutoire; *formule* 110. — Jugement sur déclinatoire, déclarant l'incompétence; *formules* 111, 112. — Renvoi devant un autre tribunal pour cause de litispendance; *formule* 113. — Rejet du déclinatoire; *formule* 114. — Sursis; *formule* 115. — Jugement définitif, *formule* 143. — V. *Contrainte par corps, Prorogation de juridiction, Remise, Tribunal de police.*

L

LITISPENDANCE. — V. *Jngement.*

LOCATION. — V. *Expulsion des lieux.*

M

MAIRE. — V. *Conseil de famille.*

MANDAT D'AMENER. *Formule* 198.

MANDAT DE COMPARUTION. *Formule* 200.

MANDAT DE DÉPOT. *Formule* 199.

MANDAT POUR FRAIS DE JUSTICE. — V. *Frais de justice.*

MARCHANDISES. Constatation de l'état de la marchandise refusée et ordonnance de vente; *formule* 89. — Ouverture de caisse ou colis; *formule* 94.

MARIAGE. Délibération du conseil de famille pour autoriser le mariage d'un mineur; *formule* 33.

MEUBLES. — V. *Biens de mineurs, expert.*

MILITAIRE. — V. *Scellés*

MINEUR. Autorisation au mineur, par le conseil de famille, de faire le commerce; *formule* 43. — V. *Biens de mineurs, Conseil de famille, Donation, Emprunt, Hypothèque, Succession.*

MINUTE. — V. *Jugement.*

N

NOTORIÉTÉ. — V. *Acte de notoriété.*

O

OCTROI. Jugement; *formule* 176.

OFFICE. Traité d'une charge de greffe; *formule* 98.

OPPOSITION. — V. *Scellés.*

P

PARENT. — V. *Conseil de famille.*

PARTAGE. Autorisation au tuteur à provoquer un partage; *formule* 29.

PENSION ALIMENTAIRE. Jugement; *formule* 146.

PERQUISITION. — V. *Police judiciaire.*

PERTE D'EFFETS. — V. *Voyageur.*

PLAINTE. — V. *Police judiciaire.*

POLICE JUDICIAIRE. Procès-verbal de constat en cas de flagrant délit; perquisition au domicile de l'inculpé et apposition de scellés; *formule* 188. — Procès-verbal d'information en cas de flagrant délit; *formule* 189. — Levée d'un cadavre; *formule* 190. — Interrogatoire d'un inculpé; *formule* 191.— Dénonciation ou plainte avec ou sans constitution de partie civile; *formule* 192. — V. *Commission rogatoire, Désistement, Enquête, Mandat d'amener et autres, Témoins.*

POURVOI. *Formule* 233.

PROCÈS-VERBAL. — V. *Conseil de famille.*

PROROGATION DE JURIDICTION. Acte de déclaration des parties qui demandent jugement; *formule* 100. — Jugement sur prorogation de juridiction; *formule* 101.

PROTUTEUR. Nomination d'un protuteur; *formule* 17.

R

RECLUSION. Délibération du conseil de famille autorisant le tuteur à provoquer la reclusion du mineur; *formule* 34.

RÉFÉRÉ. — V. *Scellés*..

REMISE. Jugement de remise pour la comparution en personne; *formule* 140.

REMISE, accordée pour avoir des pièces; *formule* 109.

RENONCIATION A SUCCESSION. — V. *Scellés*.

RENVOI. — V. *Jugement*.

RÉQUISITION. De la force publique, de médecin, chirurgien, officier de santé, sage-femme, ou autre expert; *formules* 201, 202. — Réquisition pour transport de pièces; *formule* 203. — Réquisition pour une translation de prévenus; *formules* 204 et 218.

REVENDICATION. — V. *Scellés*.

RÉVOCATION. — V. *Émancipation*.

S

SAISIE-ARRÈT. Déclaration et affirmation d'un tiers saisi, *formule* 87. — Etablissement d'un gérant pour l'exploitation et l'administration des objets saisis; *formule* 88.

SAISIE-EXÉCUTION. — V. *Scellés*.

SAISIE-GAGERIE. Requête, ordonnance, jugement en validité; *formules* 152, 153, 154.

SCELLÉS. Apposition d'office; *formule* 49. — Sur réquisition; *formule* 50. — Apposition de scellés avec opposition et référé, et présentation d'un paquet cacheté, trouvé en apposant les scellés, ou d'un testament; *formule* 51. — Testament ouvert; *formule* 52. — Opposition à ce que les scellés soient apposés, référé, continuation ou discontinuation de l'opération; *formule* 53. — Réquisition sur le procès-verbal de scellés d'être autorisé à la gestion d'une succession, avec droit de renonciation; *formule* 54. — Ordonnance de référé autorisant les scellés, *formules* 55 et 59. — Procès-verbal constatant que les portes sont fermées, référé, ouverture et apposition; *formules* 56 et 57. — Obstacle par suite d'une saisie-exécution; *formule* 58. — Revendication pendant l'apposition; *formule* 60. — Levée sans description; *formule* 74. — Description sommaire en cas de succession de peu de valeur; *formule* 61.

— Procès-verbal de carence; *formule* 62. — Apposition chez un dépositaire public tel que notaire, receveur, percepteur; *formule* 63. — Scellés après décès d'un militaire; *formule* 64. — D'un curé ou desservant; *formule* 65. — Opposition à la levée, sur le procès-verbal d'apposition, par exploit, etc.; *formules* 66, 67, 68. — Ordonnance et réquisition de levée de scellés; *formules* 69, 70, 71. — Distraction de certains effets placés sous les scellés; *formules* 72 et 78. — Reconnaissance et levée avec inventaire; *formule* 73. — Apposition en cas de faillite; *formules* 75, 77, 78, 79. — Apposition sur la demande d'un créancier; *formule* 76. — V. *Police judiciaire.*

SERMENT. Procès-verbal en cas de serment déféré; *formule* 184. — Prestation de serment des experts devant le juge de paix commis; *formule* 172. — Procès-verbal constatant le serment d'une partie, reçu par le juge de paix commis; *formule* 174. — Serment, devant le juge de paix, des préposés et employés; *formule* 90. — Serment décisoire, déclaration, jugement qui en donne acte; *formules* 116 et 117. — Serment supplétoire, jugement; *formule* 118. — V. *Expert.*

SUBROGÉ TUTEUR. — V. *Conseil de famille.*

SUCCESSION. Autorisation, par le conseil de famille, d'accepter une succession échue au mineur; *formule* 26. — Autorisation de répudier une succession; *formule* 27. — V. *Scellés.*

SURSIS. — V. *Jugement, Tribunal de police.*

T

TAXE. *Formules* 205, 208 à 218 compris.

TÉMOINS. Cédule ou ordonnance à délivrer pour entendre des témoins; *formules* 132, 194. — Formes des notes à tenir, par le greffier, des dépositions des témoins; *formule* 225. — V. *Amende, Contrainte par corps, Enquête.*

TESTAMENT. Réception d'un testament par le juge de paix; *formule* 85. — V. *Scellés.*

TRAITÉ. — V. *Office.*

TRANSACTION. Conseil de famille autorisant le tuteur à transiger; *formule* 32.

TRIBUNAL DE POLICE. Jugement contradictoire en dernier ressort sur une action du ministère public; *formule* 226. — Jugement par défaut; *formules* 227, 228. — Jugement sur la poursuite d'une partie civile; *formule* 229. — Renvoi de la cause devant d'autres juges; *formule* 230. — Jugement de sursis; *formule* 231.

TUTEUR-TUTELLE. — V. *Acquiescement, Action en justice, Biens de mineurs, Conseil de famille, Conseil de tutelle, Engagement militaire, Emprunt, Hypothèque, Mariage, Mineur, Partage, Reclusion, Succession, Transaction.*

TUTELLE OFFICIEUSE. Consentement des parents de l'enfant; *formule* 47. — Convenue avec le conseil de famille, *formule* 48.

U

URGENCE. Ordonnance du juge en cas d'urgence; *formule* 169.

V

VENTE. Déclaration et procès-verbal de vente; *formule* 97.

VÉRIFICATION des livres d'un commerçant; *formule* 175.

VEUVE ENCEINTE. — V. *Curateur.*

VICE RÉDHIBITOIRE. Constatation d'un vice rédhibitoire; *formule* 86.

VISITE DE LIEUX. Requête au juge de paix commis pour demander l'ordonnance portant indication des jours, lieu et heure d'une descente sur les lieux; *formule* 171. — Jugement, nomination d'expert; *formules* 119, 120, 121. — Extrait du jugement; *formule* 120. — Modèles divers en matière de visite de lieux; *formules* 133 à 139. — V. *Enquête.* Visite contradictoire des lieux; *formules* 126, 127, 128, 129.

VISITE DOMICILIAIRE. — V. *Commission rogatoire.*

VOYAGEUR. Jugement relatif à une demande d'un voyageur pour dommage et perte d'effets; *formule* 147.

Paris. — Typographie Hennuyer et fils, rue du Boulevard, 7.